신경다양성 자녀의 긍정 양육법

신경다양성 자녀 양육의 진실

저자

탄휘펭

호주 Pattern & Path Press 에서 출판되었습니다.
(an imprint of Neuro-affirmative Network)

www.neuro-affirmativenetwork.com
이메일: office.hwee@gmail.com
최초 발행 2024
 번역 및 검수 김승오
제목: 신경다양성 자녀의 긍정 양육법
ISBN: 978-1-7643590-7-8
이 도서는 영어로 출판된 How To Be A Neuro-Affirmative Parent 의 번역서입니다.

헌사

이 책에 영감을 준 제 아들 메이슨에게 바칩니다.

목차

1

이 책을 쓴 이유

우리 세상은 오른손잡이를 위해 만들어졌습니다. 커피 머그잔, 문손잡이, 가위, 하이파이브와 악수까지, 일상 속 사소한 모든 것이 오른손잡이를 위해 설계되었습니다. 하지만 이 세상에는 왼손잡이도 존재하지 않나요? 왼손잡이를 위해 특별히 고안된 물품은 극히 드물며 때로는 더 비싸기도 합니다.

왼손잡이라는 것은 새로운 현상이 아닙니다. 동굴 벽화와 유물 같은 고고학적 발견은 동굴 거주자 시대부터 고대 문명 전반에 걸쳐 왼손잡이가 존재했음을 보여줍니다. 'sinister(사악한)'라는 단어는 라틴어 '왼쪽에 있는'에서 유래했습니다.

많은 문화권에서 역사적으로 왼손잡이는 악하거나 불길한 것으로 여겨졌으며, 마법이나 악마와 연관되기도 했습니다. 우리는 수천 년 동안 왼손잡이가 존재해왔음을 알면서도 의도적으로 그들을 외면해왔습니다.

미국 국립생물공학정보센터 국립의학도서관에 따르면 지구 인구의 11%가 왼손잡이이며, 약 1%는 양손잡이(오른손과 왼손을 똑같이 잘 사용할 수 있는 능력을 지닌 사람)입니다.

어릴 적 식사 자리에서 왼손잡이들은 항상 옆사람 팔을 부딪히며 사과하거나, 작업하는 팔이 자유롭게 움직일 수 있도록 테이블 왼쪽 끝에 앉겠다고 자진하곤 했습니다. 이는 왼손잡이들이 어떻게든 오른손잡이들을 편하게 해주기 위해 조건화되어 있음을 보여줍니다.

아들이 태어났을 때, 자연스레 오른손을 쓰게 해야 한다고 믿었습니다 . 그래서 아들이 우유병을 잡기 시작했을 때, 항상 병을 오른손에 쥐어주었습니다. 딸랑이를 잡는 법을 배우기 시작했을 때도, 저는 항상 오른손을 사용하도록 유도했습니다. 학교에서 글쓰기와 운동을 배우는 데 더 쉬울 거라고 들었기 때문입니다.

그러나 유명한 왼손잡이들도 있습니다:

- 버락 오바마 (미국 제44대 대통령)
- 레오나르도 다 빈치 (유명한 이탈리아 예술가)
- 오프라 윈프리 (토크쇼 진행자, 텔레비전 프로듀서 및 미디어 기업가)
- 빌 게이츠 (마이크로소프트 공동 창립자)
- 리센룽 (싱가포르 제3대 총리)

왜 그들의 부모는 오른손 사용을 권하지 않았을까요? 다른 관점에서 보면, 우리 세상은 날씬한 사람들을 위해 만들어졌습니다. 집의 문 크기, 대중교통 좌석, 엘리베이터의 예상 적재량, 심지어 변기까지 모두 '표준' 사이즈 차트를 따릅니다. 플러스 사이즈 사람들은 게으르고 건강하지 않다는 낙인이 찍힙니다. 종종 의료 서비스조차 거부당하며, 건강 이상 증상은 '살을 빼라'는 말로 무시당하기도 합니다.

우리는 모두 타고난 날씬한 체형을 가진 사람을 알고 있습니다. 아무리 많이 먹거나 활동이 적어도 그들은 항상 날씬합니다. 왜 우리는 플러스 사이즈인 사람에 대해서는 그렇게 생각하지 않을까요? 아마도 그들의 체중 문제는 유전적이거나 의학적일 수 있습니다. 아무리 노력해도 그들은 항상 덩치가 큽니다.

그렇다면 우리가 간단한 실험을 해보고, 비정상적인 신체적 특성을 가진다고 여겨지는 사람들에 대한 모든 사실과 수치를 종합해 본다면, 그 비율은 인구의 몇 퍼센트나 될까요?

이 세상은 처음부터 신경다양성을 가진 이들을 위한 곳입니다.

다른 측면을 깊이 들여다보면, 그렇습니다. 이 세상은 보통 사람으로 불리는 신경전형인들을 위해 만들어졌습니다.

학교 시스템, 고용 시장, 사회적 암시 모두 신경전형인을 중심으로 설계되었습니다. 성공의 정의는 항상 자신감 넘치고, 운동 신경이 좋으며, 학습 속도가 빠르고, 학업 성취도가 높으며, 말솜씨가 뛰어난 모습으로 묘사됩니다. 설령 그 사람이 성범죄자, 사기꾼, 연쇄 살인범이라 해도 대부분의 사람들은 믿지 않을 것입니다. 우리 사회가 전형적인 성공한 인물로 보는 모습이 바로 그렇기 때문입니다. 극단적인 예시이지만, 현실이 그렇습니다.

그렇다면 신경다양성이란 무엇일까요?

워싱턴 대학교의 DO.IT(장애, 기회, 인터넷워킹, 기술)에 따르면, '신경다양성(neurodiverse)'이나 '신경다양성인(neurodivergent)'과 같은 용어는 1990년대 자폐증 사회학자 주디 싱어(Judy Singer)에 의해 '장애(disorder)'와 같은 결핍 중심의 언어 대신 도입되었습니다.

싱어는 집중력, 패턴 인식 능력, 사실 정보 기억력 등 해당 집단 다수 개인의 두드러진 강점을 강조했습니다.

"신경다양성"을 지닌 사람은 대다수 개인과 다른 방식으로 정보를 처리하는 뇌를 가진 사람입니다. 신경다양성의 관점에서 보면, 이러한 상태들은 모두 정상적인 인간 경험인 서로 다른 존재 방식을 반영합니다.

비록 "신경다양성"이 주로 신경다양성을 지닌 개인 집단을 지칭하지만, 모든 인간이 정보를 처리하는 고유한 방식을 지니고 있기에 인류 전체를 가리키기도 합니다.[1]

신경다양성을 긍정하는 설명은 다음과 같습니다:

- 모든 것은 신경 유형이며, 모든 사람은 신경다양성의 일부입니다.

---

[1] https://www.washington.edu/doit/what-do-

- 신경다양성을 지닌 사람은 신경다양성인(Neuro-divergent)으로 불립니다.

신경다양성의 가장 흔한 유형은 다음과 같습니다:

- 자폐 스펙트럼 장애(ASD)
- 주의력 결핍/과잉 행동 장애(ADHD)
- 난독증
- 운동실조증
- 투렛 증후군
- 지적 장애
- 강박 장애(OCD)
- 학습 장애
- 감각 처리 장애 (SPD)
- 병리적 요구 회피(PDA).

이 책의 주제가 아니므로 각 장애에 대해 깊이 있게 다루지는 않겠습니다.

진단을 공개한 유명한 신경다양성 인물들:

- 다지리 사토시 – 자폐증을 공개적으로 밝힌 포켓몬의 창시자.
- 시몬 바일스 – ADHD 경험에 대해 공개적으로 이야기한 미국 체조 선수.
- 제임스 카메론 – 저명한 영화 감독으로 난독증을 가지고 있음을 밝힌 바 있습니다.

- 레오나르도 디카프리오 – 미국 배우, 프로듀서이자 환경운동가인 그는 *할리우드 리포터와의* 인터뷰에서 강박장애(OCD)와의 싸움을 털어놓았음.
- 빌리 아일리시 – 그래미 수상자인 그녀는 11세에 투렛 증후군 진단을 받았음.

우리는 모든 신경다양성 사람들이 초능력을 가진다고 가정하지는 않지만, 그들의 독특함과 그들이 이 세상을 바라보는 시각, 그리고 평범한 세상에서 자신다운 삶을 살아가는 방식을 강조하고 싶습니다.

우리가 아이들이 오른손잡이가 되길 바라는 만큼, 아이들이 신경전형적이길 바랍니다. 사회가 정의하는 전형적인 좋은 사람이 되길 바랍니다.

우리는 아이들에게 오른손잡이처럼 쉽게 신경전형적(또는 적어도 신경다양성을 덜 드러내도록 가리도록) 행동하도록 '가르칠' 수 있다고 생각합니다. 아이가 이 세상의 전형적인 틀에 맞지 못하면 불이익을 받고 혐오받을까 봐 두려워합니다. 부모들은 자녀가 적응하도록 애쓰며 이상한 행동을 그만두라고 말하지만, 사회가 자녀의 신경다양성을 포용해 줄 거라고는 전혀 기대하지 않습니다.

이 책을 쓴 이유로 돌아가자면, 이는 누군가(자녀나 부모)의 삶의 고난이 어떻게 피할 수 있었는지에 관한 이야기입니다. 이 책을 읽으면 독자는 자신의 경험이 단순히 개인적 결핍 때문이 아니라, 결함이 아닌 단지 다른 신경다양성 연결 방식에 뿌리를 두고 있음을 깨닫게 될 수 있습니다.

루드밀라 N. 프라스로바 박사(SHRM-SCP)의 논문 *'늦게 진단받은 신경다양성 직원을 지원하는 방법'*에 따르면, 성인 발달 차이의 진단은 잘 인정되고 잘 기록되어 있습니다.

예를 들어, 진단 기술의 발전에 따라 자폐증 유병률 추정치가 변화했습니다. 과거 추정치는 인구의 약 1%에서 자폐증이 발생한다고 제시했으나, 현대적 추정치는 3%에 가깝습니다. 그러나 특정 집단에 대한 역사적 진단 기회 부족으로 인해 진단은 불균등하게 분포되어 있습니다. 상당한 연구 결과는 고령자, 여성, 유색인종, 그리고 낮은 사회경제적 배경 출신자들의 진단 누락을 강조합니다.

신경다양성에 대한 인식이 부족한 가정에서는 발달 차이와 관련된 행동을 게으름, "집중하지 않음", 또는 고의적인 "나쁜 행동"으로 오인할 수 있습니다. 이는 **아동에 대한 학대뿐만** 아니라**, 부모가 "나쁜 양육"을 했다는 이유로 다른 성인들로부터 학대를 받는 결과로** 이어질 수 있습니다.

진단 지연이 개인에게 미치는 지속적인 영향에 대한 인식이 점차 확산되고 있습니다. 늦게 진단받은 사람들은 신경학적 연결 방식의 차이로 인한 민감성 외에도, 자기 이해의 지연, 적절한 지원 없이 직면한 어려움, 사회적 오해와 학대로 인해 평생에 걸친 트라우마를 겪는 경우가 많습니다.[2]

---

[2] https://us.specialisterne.com/supporting-late-diagnosed-neurodivergent-employees/#:~:text=Numerous%20studies%20identify%20the%20reasons,autism%20is%20the%20most%20researched, accessed 22 January 2024

신경다양성 자녀를 발견하며.

아들이 18개월이 되었을 때 말하지 않았고, 무엇인가 가리키는 행동도 하지 않았습니다. 지역 간호사를 방문한 후 지역 아동 발달 센터(CDC)로 안내받았습니다. 이후 언어 치료사와 작업 치료사가 배정되었습니다. 놀이 기반 치료를 진행했기에 모두 행복하고 희망적이었습니다. 또한 남자 아이들은 말을 늦게 시작하거나 첫째 아이는 항상 그렇다는 말도 들었습니다.

몇 주, 몇 달이 지나도 여전히 뚜렷한 언어 발달은 보이지 않았습니다. 저는 아들의 사회성과 의사소통 능력을 기를 기회를 만들려고 일주일에 한 번씩 지역 놀이방과 어린이집에 등록시키려 했지만, 여전히 개선의 조짐은 없었습니다.

소아과 의사와 치료사들은 상담 때마다 구체적인 답변을 주지 않았습니다. 몇 차례 설문지를 작성했지만, 항상 "다음 진료 때 상태를 다시 보자"는 답변만 돌아왔습니다.

결국 우리는 소아과 의사에게 아들의 자폐증 평가를 원하며 사설 전문의 비용을 부담하겠다고 직접 요청해야 했습니다. 이 확고한 결정 덕분에 (다행히도) 아들이 두 살 반이 되었을 때 자폐 진단을 받을 수 있었습니다.

전혀 놀랍지 않았습니다. 뭔가 이상하다는 걸 알고 있었으니까요. 하지만 주류에서 우리가 얼마나 빨리 배제되었는지에 경악했습니다.

소아과 의사는 두꺼운 안내 책자를 건네며 이렇게 말했습니다. "이걸 읽어보세요. 궁금한 점이 있으면 뒷면에 적힌 번호로 전화하세요."

우리는 다른 소아과 의사를 찾기 전에 몇 번 더 진료받을 수 있는지 소아과 의사에게 물었습니다.

“아니요, 일단 진단이 내려지면 더 이상 CDC의 관리를 받지 않습니다. 정말, 정말 필요하시다면 저와 마지막으로 한 번 더 상담하실 수 있습니다. 그게 전부입니다.” 그의 어조는 차가웠고, 그는 우리를 재촉하며 진료실을 나가게 했습니다.

그게 제가 CDC에 발을 들인 마지막 순간이었습니다. (공정하게 말하자면, 나중에 들은 이야기로는 CDC 서비스를 계속 받을 수 있었던 보호자들 중엔 좀 더 나은 사례도 있었습니다. 제가 그저 운이 없었던 경우일 뿐일지도.)

집에 돌아와서 브로셔 몇 페이지를 훑어봤습니다. 자폐 아동의 기대 수명에 대해 설명하고 신경과학 용어와 수많은 전화번호를 나열하고 있었습니다. 저는 속으로 생각했습니다. '뭐? 기대 수명? 난 내일 무엇을 해야 하는지 알아야 한다고!'

그 후 몇 주 동안 다양한 서비스 제공처에 전화하고 상담했습니다.

매번 전화할 때마다 똑같은 이야기를 반복해야 해서 지쳤던 건 인정합니다.

먼저 아들의 출생 경위를 설명해야 했고, 다음은 그 나이대에 할 수 없는 것들의 목록이었으며, 마지막으로 내 목표가 무엇인지 묻더군요. 그런 다음 모든 서류 작업과 설문지를 거친 후 대부분의 서비스는 대기 명단이 있었습니다. 주류 서비스를 더 이상 이용할 수 없다고 말하자 돌아온 대답은 "안됐네요. 정말 유감입니다. 지금은 정말 만원이에요." 뿐이었습니다.

당시 전 정규직이 아니어서 '운이 좋았다'고 했고, '대기 번호'가 평일에 배정되면 더 빨리 호출될 거라고 했습니다.

그날(진단을 받은 후)부터의 기분을 생생히 기억합니다. 저는 멈추지 않는 엔진처럼 움직였습니다. 끊임없이 무언가를 신청하고, 쫓아다니고, 물어보고, 참석했습니다. 학교를 다닐 때보다 더 많이 읽었습니다.

하지만 신경다양성에 대해 더 많이 알수록, 내 아이에게 접근하는 방식이 얼마나 달라져야 하는지 깨달았습니다. 그리고 아이를 대하는 방법을 이해하게 되자 분노가 가라앉았습니다. 자기 의심도 줄었고, 죄책감도 덜했으며, 원망하는 마음도 사라졌습니다.

우리는 싸울 때를 가려야 합니다. 매일 매일이 좋은 날은 아닙니다.

우리 아이가 잘할 때면 누구나 칭찬하고 격려하는 건 당연한 일입니다. 아이가 힘든 하루를 보냈을 때 부모는 아이가 더 깊은 절망에 빠지지 않도록 '받쳐주어야' 합니다.

더 깊은 나락으로 떨어지지 않도록 '받쳐줍니다'. 부모가 낯선 사람처럼 행동한다면, 우리 아이가 우리를 낯선 사람보다 더 나은 대우를 해주길 기대할 수 없습니다. 부모는 아이가 쉴 수 있고 성찰할 수 있는 안전한 공간을 만들어야 합니다. 그래야 아이가 스스로 다시 일어설 수 있습니다.

아들의 신경다양성 여정이 시작될 무렵 상담사와 나눈 대화가 지금도 기억에 남습니다.

"부모의 역할은 아이가 독립적으로 자신의 삶을 살아가도록 돕는 것입니다. 신경다양성 아이들의 여정에 우회로가 있을 수 있지만, 그 본질은 다르지 않습니다."

저의 신경다양성 아이는 불쌍한 존재가 아닙니다. 그는 우리 가족 안에서 항상 한 사람으로서 존중받을 것입니다. 어떤 아이들은 끊임없이 신체적, 정신적, 언어적 학대를 받습니다. 저에게 그들은 안타까운 존재입니다. 저의 신경다양성 아이는 사회의 부담이 아닙니다. 오히려 범죄자들이야말로 사회의 부담입니다.

제 철학은 이렇게 정해졌습니다. "내일 내가 죽더라도 아들은 여전히 의미 있는 삶을 살 수 있어야 한다." 그것이 부모로서 나의 목표다.

나머지 책에서 저의 여정에 대해 더 자세히 나누겠습니다.

이 책은 신경다양성을 지닌 아이를 돌보는 모든 보호자에게 바칩니다. 여러분을 보고, 듣고, 이해합니다. 이 책은 여러분의 아이나 배우자에 대해 의문을 제기하지 않을 것입니다. 이 책은 여러분을 위한 것입니다. 여러분의 어떤 성공이나 도전도 함께 축하해 주는 응원단입니다.

진단 너머의 삶은 외로울 수 있지만, 우리는 혼자가 아닙니다. 우리가 함께 이 공동체에 있는 한, 강하고 행복하게 나아갈 수 있습니다. 네, 신경다양성 자녀를 둔 부모도 행복할 수 있습니다. 어떤 경험은 필요하지만, 어떤 길은 불필요합니다. 이 책이 단 한 명의 부모라도 불필요한 길을 피하거나 정신적 안정을 되찾는 데 도움이 된다면, 그 역할을 다한 것입니다.

이 책에 담긴 모든 이야기와 지식은 저의 실제 경험에서 비롯되었습니다. 각 장은 독립적으로 구성되어 따로 읽을 수 있습니다. 이 책이 제가 아들의 모습 그대로를 사랑한다는 점을 보여주기 바랍니다. 여러분도 같은 행복을 누리시길 바랍니다.

2

평범하지 않아도 괜찮아

우리가 태어나는 순간부터 우리 몸은 차트와 백분위수로 측정됩니다. 최고의 의사들과 연구자들이 만든 이 의료 차트는 우리의 건강과 안전을 추적하는 데 도움을 줍니다. 이 차트들은 '정상'의 기준을 지키는 문지기 역할을 합니다.

저는 과학을 믿고 신뢰합니다. 하지만 일부 지침은 정말 터무니없습니다. 그 모든 것을 따르려 하면 미쳐버릴 겁니다.

예를 들어, 세계보건기구(WHO)는 생후 6개월 동안 아이에게 모유만 먹일 것을 권장합니다. *국제 모유 수유 저널*(2023년 1월 19일)에 따르면: "호주 여성 대다수(96%)가 모유 수유를 시작하지만, 생후 3개월이 되면 모유만 먹이는 비율이 급격히 떨어져 *생후 3개월* 영아 *중* 모유만 먹는 비율은 39%에 불과합니다."[1]

---

1 https://internationalbreastfeedingjournal.biomedcentral.com/articles/10.1186/s13006-023-00545-5, 2024년 4월 3일 .

얼마나 많은 어머니들이 WHO 기준을 충족하지 못했다는 사실에 엄청난 죄책감과 수치심을 느낄까요? 직장이나 공공장소에서 모유를 짜낼 수 있는 공간이 부족하다는 점은 말할 것도 없습니다. 오늘날까지도 공공장소에서 아기에게 수유하는 어머니들은 부끄러운 일로 여겨지며 부정적인 시선을 받습니다. 건강 지침은 현실적이지 않습니다. 사회가 이에 반응하는 방식을 고려할 때, 이는 결코 '정상적'이 아닙니다.

신경다양성에 관해서라면.

솔직히 말하자면, '정상'은 모든 사람에게 정상적이지 않습니다.

아이가 다음과 같은 행동을 하는 것은 전혀 문제되지 않습니다:

- **특정 식품군만 먹는 것**. 여기에는 분유 섭취도 포함됩니다. 까다로운 식습관을 키우고 싶지 않다는 마음은 이해합니다. 하지만 식사는 매우 복잡한 문제이며, 타인의 식습관을 비웃어서는 안 됩니다. 다른 식품군을 소개하는 것은 지속적인 목표이지만 시간과 노력이 필요합니다. 새로운 음식군을 탐색하는 것을 포기하지 마시고, 시도하는 과정에서 부끄러워하지 마세요. 이미 노력하고 있다는 사실 자체가 가장 중요합니다. (이에 대해서는 14장에서 더 자세히 다루겠습니다.)
- 실금을 **허용하세요**. 배뇨나 배변과 상관없이 배변 훈련은 매우 어려운 과제입니다. 일부 신경다양성 사람들은 행동적 어려움을 겪을 수 있으며 완전히 배변 훈련을 마치지 못할 수도 있습니다.

우리 모두는 편안하고 안전하다고 느낄 때만 화장실에 간다는 것을 알고 있습니다. 신경다양성을 가진 사람들에게는 의학적 문제라기보다 감각적 문제일 수 있습니다. 요실금 환자도 스스로 청결을 유지할 수 있다면 높은 삶의 질을 누릴 수 있습니다. 요실금 보조용품과 관련해 제가 가장 중요하게 생각하는 요소는 위생입니다. 항상 아이의 엉덩이가 깨끗한지 확인하세요.

- **두려워하세요.** 누군가 당신을 비행기에 태워 낯선 나라로 데려간다면, 두려워하고 저항하며 맞서 싸우는 것이 당연합니다. 아이의 입장이 되어 보세요. 처음 가는 곳에 데려가면 아이가 두려워할 거라 예상하세요. 이는 신뢰 문제도 제기합니다. 새로운 환경에서 아이가 항상 당신과 함께 안전하다고 느끼나요? 이를 당연하게 여기지 마세요. 이건 당신에 관한 게 아니라 아이에 관한 문제입니다.
- **엄격한 일과를 유지하세요.** 아이에게 그것이 중요하고 안정감을 준다는 점을 존중하세요. 우리가 그 행동의 이유를 이해하지 못할지라도, 아이는 스스로를 안전하게 느끼기 위해 그렇게 한다는 걸 알아야 합니다. 일상생활에 지장을 주지 않는다면 시간을 주세요. 감당하기 어려울 정도로 심해질 때만 개입을 권합니다.
- **축하 행사에 초대받지 못할 수도 있습니다.** 궁극적으로 우리는 아이들이 안전함을 느끼고 의미 있는 삶을 살기를 바랍니다. 가족과 친구에 대한 정의는 매우 주관적입니다.

전통은 모두가 즐기는 경우에만 이어가야 합니다. 소수 집단을 기쁘게 하기 위해 전통을 따르거나 강요한다면, 당신에게 의미 있는 것이 무엇인지 재고하십시오.

- **말하지 않더라도 다른 의사소통 수단이 존재한다.** 말과 의사소통은 완전히 다른 개념입니다. 신체 언어 연구자 앨버트 메라비안에 따르면, 의사소통의 55% 이상이 비언어적 요소로 이루어집니다[2]. 아이가 셰익스피어 희곡 전체를 암송할 수 있어도 점심으로 바나나를 먹을지 사과를 먹을지 말하지 못한다면 아무 의미가 없습니다. 우리는 아이들이 원하는 것을 표현할 수 있기를 바랍니다. 어른이 되어서도 '아니오'라고 말해야 할 상황에서 '네'라고 말하는 사람이 얼마나 많습니까? 말을 할 수 있으면서도 원하는 것을 전달하지 못하는 게 이상하지 않나요?
- **약물 치료를 받게 하라.** 1990년대 후반 이전에는 대부분의 텔레비전 콘텐츠에 부모 지도 등급이 없었습니다. 아이들이 보는 것에 아무런 제한이 없었습니다. 정신병원 환자들을 조롱하는 수많은 텔레비전 시리즈를 생생히 기억합니다. 보통 '미친' 사람들은 약물과 주사가 필요하거나 구속복에 묶여 있었습니다.

---

2 https://www.forbes.com/sites/forbescoachescouncil/2020/08/24/strong-nonverbal-skills-matter-now-more-than-ever-in-this-new-normal/?sh=6fdf7a925c61, 2024년 4월 30일 .

누군가 잘못 행동하면 정신병원에 보내겠다고 협박하는 건 너무나 흔한 일입니다. 이는 (우리 같은) 젊은 세대에게 정신 건강 치료의 어떤 형태든 심각하게 왜곡된 이미지를 심어줍니다. 이는 어린 시절부터 우리 안에 뿌리내린 낙인이 됩니다.

약물 치료에 관해서는, 모든 약이 처음 복용했을 때 효과가 있는 것은 아닙니다. 제 말 믿으세요, 모든 제약사들은 하나의 증상에 대해 수백 가지의 변형 약물을 보유하고 있습니다. 따라서 한 약이 효과가 없거나 부작용이 발생한다면, 대체 약물에 대해 의사와 상담하세요.

제가 자주 목격하는 문제 중 하나는 부모님이 의사와 상의 없이 약을 투여하는 경우입니다. 예를 들어, 일부 알약은 분쇄해서는 안 됩니다. 하지만 부모님들은 자녀가 알약을 삼키지 못한다고 생각하여 분쇄해 음식에 섞어 주곤 합니다. 일부 약물은 서방형(서서히 방출되는) 제형인데, 분쇄하면 이 성분이 파괴되어 부작용을 일으킬 수 있습니다.

한 번의 나쁜 경험만으로도 일부 부모들은 약물 치료를 포기하게 됩니다. 일부 약물은 시럽 형태로 조제하거나 매일 같은 시간에 복용해야 합니다. 또한 약물은 항상 최소 용량으로 시작하여 점차 증량해야 합니다. 그래서 우리는 인내심을 갖고 관찰 효과를 기록하는 일지를 작성해야 합니다.

약물 치료는 매우 긴 과정이며 때로는 수년이 걸릴 수 있습니다. 또한 의사가 가장 먼저 권하는 방법은 아닙니다. 수술과 마찬가지로 약물 치료는 다른 방법이 모두 실패했을 때 다른 방법이 통하지 않을 때의 최후의 수단입니다. 자녀의 주치의와 장기적인 관계를 구축하는 것이 필수적입니다. 궁극적으로 우리는 아이들이 양질의 삶을 누리길 바랍니다. 약물 치료를 거부하는 것이 하루 종일 방에 틀어박혀 지내는 것을 의미한다면, 이는 가슴 아픈 일이며 우리가 추구하는 훌륭한 삶의 질이 아닙니다.

- **퇴보.** 진보는 직선적이지 않으며 다양한 형태로 나타납니다. 아이가 퇴보할 때 부모의 역할은 아이가 이전 상태로 돌아갈 수 있도록 돕는 것입니다. 예를 들어, 우리가 매년 직장에서 승진하지 못한다고 해서 실패한 것은 아닙니다. 꽃이 자라지 않으면 우리는 꽃이 아니라 환경을 고칩니다.
- **좋은 습관 형성을 위한 시간.** 제임스 클리어의 *『원자적 습관: 좋은 습관을 만들고 나쁜 습관을 끊는 쉽고 검증된 방법』*(2018)에 따르면, 우리는 매일 1%씩 발전하는 것을 목표로 삼아야 합니다. 학교에 제시간에 가기 힘들다면, 어제보다 1분 일찍 도착하도록 노력하세요. 1분 개선은 특별히 눈에 띄지 않지만, 30일이 지나면 이전보다 30분 일찍 학교에 도착할 수 있습니다.[3]

자녀가 다음과 같은 행동을 보이는 것은 정상적이지 않습니다:

- **부모를 두려워하는 것.** 많은 부모들이 자녀가 자신을 무서워한다고 자랑합니다. 그들은 이것이

[3] Clear, J. (2018). *Atomic Habits: An Easy & Proven Way to Build Good Habits & Break Bad Ones*. Avery.

존경을 받는다고 생각하며, "예의 바른" 아이를 키웠다고 믿습니다. 그러나 이는 자녀가 순종적이라는 뜻이 아닙니다. 그들은 벌을 피하기 위해 자신이 한 일을 말하지 않거나 거짓말을 할 뿐입니다. 두려움은 의사소통 단절로 이어질 수 있습니다.

자녀가 부모의 반응을 두려워한다면 자신의 생각, 감정, 고민을 공유하지 않을 수 있습니다. 부부는 '착한 경찰과 나쁜 경찰' 접근법을 취해야 한다는 옛 속설이 있습니다. (한 부모는 훈육을 담당하고 다른 부모는 아이를 달래서 올바른 행동으로 돌아오게 한다는 의미입니다.) 의도는 좋고 가정 내 균형을 맞추는 방법이라는 건 알지만, 기억하세요. '나쁜 경찰' 부모는 아이가 곤란할 때 가장 마지막으로 의지하는 사람이 될 것이며, 아이는 '나쁜 경찰' 부모에게 들키지 않으려고 오히려 나쁜 선택을 할 가능성이 높습니다.

아이들이 "아이고, 제발 엄마/아빠한테 말하지 마세요. 알면 죽일 거예요"라고 말하는 걸 얼마나 자주 듣나요? "아이고, 엄마/아빠한테 전화해서 어떻게 해야 할지 물어봐야겠다"라고 말하는 것보다 훨씬 흔하죠.

- **자신의 방식대로 하라고 때리는 것.** 이는 부모를 두려워하는 것과 매우 유사합니다. (17장에서 더 자세히 다루겠습니다.)

- **제공된 음식을 먹지 않으면 굶기기.** 앞서 언급했듯 식단은 복잡한 문제이며 엄격하게 적용해서는 안 됩니다. (이에 대해서는 14장에서 더 자세히 다루겠습니다.)
- **누군가가 그렇게 말했기 때문에 가족 전통을 따르라.** 우리는 전통과 신념의 중요성을 이해합니다. 최근 찰스 국왕의 대관식에서 루이 왕자는 너무 어리다는 이유로 참석하지 않는 것이 좋겠다는 조언을 처음에 받았습니다. 결국 그는 참석했지만 자주 휴식을 취할 수 있도록 허용받았습니다. (전 세계가 보는 앞에서 하품을 했죠.) 그는 그날 밤 열린 대관식 기념 콘서트에는 참석하지 않았습니다.

  대부분의 사람들은 그 이유를 이해하지만, 소수의 가족들은 이를 마음에 새겨 불쾌해하거나 상처받을 수 있습니다. 웨일스 공주가 소중한 아들이 그토록 중요한 행사에서 배제되었다고 생각한다면 어떨까요? 음모론으로 이어질 수도 있습니다.

  이는 신경다양성에도 마찬가지로 적용됩니다. 우리는 아이들이 모든 중요한 행사에 참여하고 즐기길 바랍니다. 하지만 모든 아이가 그 상황을 감당할 수 있는 능력이 있는 것은 아닙니다. 시도해 볼 수는 있습니다. 단 2분이라도 행사를 견딜 수 있다면 그 자체가 승리입니다. 아이가 고통스러워하는 징후를 보이면 즉시 개입할 준비를 하세요. 아이가 폭발할 때까지 밀어붙이다가 그제서야 자리를 뜨는 것은 바람직하지 않습니다. (항상 행복한 분위기로 마무리하세요!)

- **거짓말을 듣게 하지 마세요.** 어른들이 아이에게 가끔 하얀 거짓말을 해야 하는 이유를 이해합니다. 어른의 세상은 복잡하고, 일이 그렇게 되는 데는 수천 가지 이유가 있습니다. 하지만 거짓말은 아이의 신뢰 문제를 해결하는 데 도움이 되지 않습니다. 아이가 완전히 이해할 능력이 없을 때는 이해합니다. 바로 그때 당신의 의사소통 능력이 발휘되어야 합니다. 우리는 아이들과 소통하는 다른 방법을 배워야 합니다. 복잡한 의사소통을 관리하는 법을 배우는 책임은 보호자에게 있습니다. 아이가 어려움을 겪을 때 가장 안전하게 의지할 수 있는 사람이 보호자여야 합니다.

- **신경다양성에 대해 사과합니다.** 주류 사회가 신경다양성을 배려하지 않는 경우가 많아 실망스럽다는 점을 인정합니다. 신경다양성을 가진 아이들은 주류에 맞추도록 조건화됩니다. 부모가 원하는 모습, 즉 '정상'이 되도록 말이죠. 아이러니하게도 상위 1%의 성공적이고 부유한 사람들은 자신들의 독점성을 과시합니다. 그들은 개인실을 요구하는 것에 대해 미안해하거나 부끄러워하지 않습니다. 그들에게 '특별하다'는 꼬리표가 붙는 것은 전혀 문제가 되지 않습니다.

  사회가 발전함에 따라, 특별한 요구 사항을 전적으로 수용할 수 있는 장소가 더 많아지길 바랍니다. 우리는 다양성을 사과하기보다 포용해야 합니다. 예를 들어, 신경다양성을 가진 사람은 감각적 필요를 위해 조용한 공간이 필요하다면 부끄러워하거나 사과하지 않아도 됩니다.

세상의 모든 돈을 가진다면, 모든 국가에 개인 전용기를 마련해 신경다양성을 가진 모든 사람이 안전하게, 편견 없이 여행할 수 있게 하고 싶습니다. 신경다양성을 가진 이들을 위한 테마파크, 학교, 병원, 레스토랑을 지을 것입니다. 직원들은 모든 상황에 공감과 존중으로 대처하도록 훈련받을 것입니다. 신경다양성 커뮤니티가 부끄러워하지 않고 행복할 수 있는 곳이 되길 바랍니다.

그동안 깨달은 점 하나.

저와 아들의 아버지는 원래 동남아시아 출신입니다. 아들은 호주에서 태어났지만, 그의 DNA에는 여전히 아시아계 유전자가 있습니다. 한 번은 발 전문의가 유치원을 방문해 모든 아이들의 발을 살펴보았습니다. 아들은 발 전문의가 쓴 메모를 들고 집에 왔는데, 근육 긴장도가 낮다는 내용이었습니다.

조금 걱정되어 물리치료사를 찾아갔습니다. 그 물리치료사도 이민자였기에 근육 긴장도가 낮다는 건 큰 문제가 아니라고 설명해주었습니다.

하지만 그녀는 아들의 신발과 발을 꼼꼼히 살펴보며 아시아인 발은 더 좁다고 설명했습니다. (그녀는 아들의 발과 신발 사이 틈새를 자신의 잘 맞는 신발과 비교해 보여주었습니다). 그녀는 더 이상 기성품 신발을 사지 말라고 권했습니다. 잘 맞지 않는다고요.

가장 좋은 방법은 신발을 여러 번 신어보고 맞는 것을 고르는 것입니다.

그녀는 우리 집을 방문해 아들의 발을 측정해 준 정형외과 신발 판매점을 소개해 주었습니다. 제게는 모든 신발이 똑같아 보였지만, 전문가에게는 그 뒤에 많은 지식이 숨어 있었습니다.

진정으로 자신의 일에 자부심을 갖고 시간을 내어 설명해 주시는 분들이 계셔서 다행이었습니다. 그 덕분에 아무리 사소해 보이는 것에도 '모든 사람에게 맞는 단일 사이즈'라는 이론은 없다는 걸 이해할 수 있었죠. 특히 성장기 아이들에게 신발이 얼마나 중요한지 연구한 덕분에 우리의 요구가 충족될 수 있었습니다.

아이들이 쉽게 구할 수 있는 것에 맞추는 것보다, 그들이 최상의 모습으로 성장할 수 있도록 올바른 도구를 제공하는 것이 더 중요합니다.

저는 절대 아들에게 '일반 신발이 맞지 않는다고 해서 발이 이상하다'고 말하지 않을 것입니다.

어딘가에는 그와 비슷한 사람들이 모여 그의 필요를 충족시켜 줄 공동체가 있을 것입니다.

3

괴롭힘에 관한 진실

괴롭힘이란 무엇인가?

*옥스포드 고급 학습자 사전(Oxford Advanced Learner's Dictionary)*에 따르면, 괴롭힘[명사]은 힘이나 권력을 이용해 약한 사람들을 위협하거나 해치는 것을 의미합니다.[1]

때로는 사람들이 무엇이 괴롭힘이고 무엇이 괴롭힘이 아닌지 혼동하기도 합니다.

누군가가 마음에 들지 않는 말을 하는 것을 괴롭힘이라고 생각할 수 있지만, 그렇지 않습니다.

괴롭힘은 갈등이나 불친절과는 다릅니다.

괴롭힘은 비열한 행동이지만, 비열한 행동이 항상 괴롭힘을 의미하는 것은 아닙니다.

---

[1] *Oxford Advanced Learner's Dictionary*. (2020). Oxford University Press, UK. 10th edn.

괴롭힘은 다음과 같을 수 있습니다:

- 놀리거나, 못된 말을 하거나, 위협하거나, 욕을 하는 행위
- 고의로 무시하거나, 놀이나 활동에서 배제하거나, 다른 사람에게 그렇게 하도록 부추기는 행위
- 나쁜 장난을 치거나 소문이나 악의적인 이야기를 퍼뜨리는 행위
- 밀치기, 발 걸기, 때리기
- 타인의 물건을 가져가거나 파손하거나 돈을 요구하는 행위.

괴롭힘은 유치원, 학교, 스포츠 클럽, 기타 방과 후 활동 단체 및 직장에서 직접 대면하여 발생할 수 있습니다.

괴롭힘은 온라인에서도 발생할 수 있습니다. 사이버 괴롭힘은 누군가가 디지털 기술을 이용해 악의적인 문자를 보내거나, 타인에 대해 비열한 말을 하거나, 고의적으로 괴롭히거나 모욕하는 행위를 말합니다.[2]

괴롭힘은 다음과 같은 행동과 다릅니다:

- 무례함 – 상대를 해칠 의도나 계획 없이 상처를 주는 말이나 행동을 하는 것. 예: 급식 줄에서 누군가가 당신 앞에 끼어드는 경우

---

[2] https://raisingchildren.net.au/autism/behaviour/common-concerns/bullying-asd, 2024년 3월 5일 .

- 심술 부리기 – 누군가에게 한두 번 의도적으로 상처를 주는 행동. 예를 들어, 친구가 하루 동안 함께 놀기를 거부하는 경우
- 갈등 – 친구와 의견이 맞지 않는 것. 예를 들어 두 친구가 말다툼을 하며 서로에게 못된 말을 하는 경우
- 당신이 하는 행동 중 괜찮지 않은 것에 대한 존중하는 피드백. 예를 들어, "그들이 스포츠에 대해 이야기할 때마다 눈을 굴리는 건 괜찮지 않아."
- 친구가 "경계선"을 설정하는 것. 예를 들어, "네가 계속 나한테 뭐라고 해야 한다고 말하는 건 마음에 안 들어."
- 사교 활동에서의 자연스러운 결과. 예를 들어, 비밀을 누설했기 때문에 친구가 당신을 믿지 않을 수 있음[3]

사실은 명백한 이유 없이도 괴롭힘을 당할 수 있습니다.

호주 데일리 메일에 따르면, 해리 왕자(분명히 매우 권력 있는 가문 출신임)가 빨간 머리라는 이유로 괴롭힘을 당하고 있다고 합니다.

선(The Sun) 신문은 해리의 군대 동료들이 그를 '생강색 총알 자석'이라는 별명으로 부르고 있으며, 이라크에서 착용할 생강색 가발을 구입한 것으로 알려졌다고 보도했습니다. 이들은 이 가발이 반군들이 왕자를 쉽게 식별하지 못하게 할 것이라고 농담했다고 합니다.

---

[3] https://kidshelpline.com.au/teens/issues/bullying, 2024년 3월 4일 .

자신의 경험을 책으로 쓴 동료 빨간 머리인 샬럿 러쉬턴은 "그에게 이런 일이 일어날 수 있다는 소식을 듣고 놀라지 않는다. 300명의 빨간 머리를 사진으로 찍었는데, 그들 중 단 두 명만이 사람들에게 악의적으로 놀림받지 않았다고 말했기 때문이다"라고 말했습니다.

그러나 일부 사람들은 그 사실을 숨기기 위해 머리를 금발로 염색할 정도로 굴욕감을 느꼈습니다.

빨간 머리에 대한 부정적인 낙인이 너무나도 강하게 붙어 있습니다.[4]

긍정적인 특성 때문에 괴롭힘을 당할 수도 있습니다.

예를 들어, 너무 예쁘다는 이유로도 괴롭힘을 당할 수 있습니다.

2022년 7월 16일자 더 선(*The* Sun) 보도에 따르면, 2015년 19세의 나이로 미스 잉글랜드에 선발된 나타샤 헤밍스는 노팅엄 대학에서 영어를 공부하던 시절 질투심 많은 학생들의 표적이 되었다고 밝혔습니다. 그녀는 뛰어난 미모 때문에 괴롭힘을 당했으며, 심지어 식사를 문에 던지는 등 잔인한 괴롭힘을 당한 후 기숙사에 갇힌 신세가 되었다고 전했습니다.

"한 번은 문에 음식이 온통 뿌려졌어요. 그래서 테이크아웃 음식을 사서 방에서 먹곤 했죠. 한동안 이 작은 방에 갇혀 지냈어요. 사람들은 제가 '연극 같은 쉬운 과목을 공부한다'고 생각했고, 한 학생은 이렇게 말하기까지 했어요.

---

[4] https://www.dailymail.co.uk/news/article-467665/Prince-Harry-Im-bullied-ginger.html, 2024년 3월 4일 .

"손가락과 발가락 없이는 덧셈도 못 한다"고 말했죠.[5]

피해자를 탓하지 마라.

괴롭힘이 발생하면 사람들은 종종 피해자를 탓합니다. 대부분의 경우, 피해자가 어떻게든 달랐다면 괴롭힘이 일어나지 않았을 거라는 잘못된 믿음을 가지고 있죠. 심지어 피해자에게 "네가 무슨 짓을 해서 그런 거야?"라고 묻기도 합니다.

사회적 기술 개발이나 자존감 향상 같은 것들이 괴롭힘을 막는 데 도움이 될 수 있다는 건 사실이지만, **진실은 누구든 괴롭힘의 피해자가 될 수 있다는 점입니다.**

가해자가 타인을 표적으로 삼는 데는 여러 이유가 있지만, 그 어떤 이유도 피해자의 잘못이 아닙니다. 피해자는 괴롭힘을 피하기 위해 자신을 바꾸거나 달라질 필요가 없다. 변화는 항상 가해자의 책임입니다.

괴롭힘 사건에서 피해자를 탓하지 않으려면, 사람들이 괴롭힘 피해자를 탓하는 주요 여섯 가지 방식을 숙지하세요. 피해자에 대한 이러한 오해를 믿지 않도록 주의하십시오.

1. **그들은 당연히 그런 대우를 받아야 한다.**

   피해자가 오만하거나 무례하거나 배려심이 없거나 이기적이라 해도, 누구도 괴롭힐 자격은 없습니다. 이런 사고방식은 괴롭힘 행위를 용인하는 것에 불과합니다.

---

[5] https://www.thesun.co.uk/fabulous/19220154/girls-bullied-me-because-too-beautiful/, 2024년 3월 4일 .

2. 그들이 변해야 한다.

사람들은 괴롭힘을 당하지 않기 위해 피해자가 어떻게 변해야 하는지 말하는 것이 괴롭히는 사람에게 책임을 묻는 것보다 쉽다고 생각합니다.

3. 그들이 자초한 일이다.

많은 사람들은 괴롭히는 사람이 "자업자득"을 맛보는 것이 좋다고 믿습니다. 그러나 이러한 태도는 괴롭힘의 악순환을 지속시킬 뿐입니다. 예를 들어, 괴롭힘을 당하는 피해자들은 이 악순환에 갇히게 됩니다. 그들은 지속적으로 괴롭힘을 당하고, 상황을 건강하게 해결하기보다는 다른 사람을 괴롭힘으로써 분노를 표출합니다.

4. 그들이 더 잘 알았어야 했다.

이런 사고방식은 "혼자 산책 나가지 않았더라면 이런 일이 없었을 텐데"라는 생각과 같습니다. 그러나 사실 사람들은 공격당하거나 괴롭힘 당할 두려움 없이 세상에서 자유롭게 움직일 권리가 있습니다. 괴롭힘이 빈번한 장소를 피하는 것은 중요하지만, 이는 가해자가 누군가를 표적으로 삼은 선택을 정당화하지 않습니다.

5. 그들은 맞서 싸우지 않았다.

많은 사람들은 신체적 괴롭힘의 피해자들이 자신을 방어하기 위해 아무것도 하지 않았기 때문에 겪는 고통과 괴로움을 탓합니다. 이러한 사고방식은 다시 한번 괴롭힘을 가하는 사람의 행동을 정당화합니다. 마찬가지로, 사람들은 피해자가 자기 방어를 하면 피해자를 탓하며, 괴롭힘 사건을 싸움으로 축소합니다.

6. **그들은 지나치게 예민하다.**

이는 전형적인 피해자 탓하기 발언입니다. 사람들이 이런 식으로 논평할 때, 그들은 피해자에게 결함이 있다고 암시함으로써 가해자의 조롱과 놀림을 정당화합니다.[6]

괴롭히는 자들은 자신들이 괴롭힘을 당했기 때문에 괴롭힌다.

제니퍼 프레이저 박사의 *저서 『괴롭힘을 당한 뇌: 상처를 치유하고 건강을 회복하라』(2022)*[7]*에* 따르면, 부모가 자녀를 괴롭히는 경우가 있는데, 이는 뇌 과학적 관점에서 놀랍지 않은 현상입니다.

부모가 자신의 부모, 가족 구성원, 혹은 코치, 교사, 심지어 또래로부터 괴롭힘을 당했다면, 그들은 이 해로운 행동 방식을 자녀에게 전이시킬 가능성이 큽니다.

뇌는 경험, 특히 반복되는 경험에 의해 형성되고 성형되며, 특히 성장기인 어린 시절이나 십대 시절에 그러합니다. 일부 부모들은 괴롭힘이 자녀에게 [신경다양성 여부와 상관없이] 강인함이나 생존 기술을 부여했다고 믿습니다.

---

[6] https://www.verywellfamily.com/examples-of-victim-blaming-460802#:~:text=The%20responsibility%20for%20bullying%20always,way%20to%20avoid%20being%20bullied, accessed 5 March 2024.

[7] Fraser, J. (2022). *The Bullied Brain: Heal Your Scars and Restore Your Health.* Prometheus.

연구로 입증되지는 않았지만, 부모에게 상처받은 것에 대한 보상 전략으로 피해자가 강해졌거나 "자기 자신을 위해" 그런 행동이 이루어졌다고 보이게 하려는 시도는 일리가 있습니다.

성인이 아동을 괴롭히는 행위가 그들에게 이점을 주지 않으며, 도움이 되지 않고, 강인함이나 인내력을 키우지 않으며, 위대함으로 이끌지도 않고, 건강한 사회적 관계 형성을 지원하지 않는다는 연구는 방대하고 명확합니다.[8]

광범위한 연구에 따르면, 그 유일한 결과는 뇌를 손상시키는 것뿐입니다.[9]

그렇다면 자녀가 이제 가해자가 되었다면 어떻게 해야 할까요?

자녀가 괴롭힘을 가한다는 말을 듣고 싶어 하는 부모는 없습니다. 자녀가 다른 아이들에게 해를 끼친다는 생각은 고통스럽습니다. 하지만 괴롭힘은 가해자에게도 심각한 문제입니다. 아이들의 우정 기술은 전반적인 정신 건강을 나타내는 중요한 지표입니다. 자녀가 신체적이든 언어적이든 괴롭힘 행동을 하고 있다는 말을 듣는다면, 이는 심각한 고통의 신호일 수 있습니다. 그들은 불안이나 우울증을 경험하고 있으며 감정과 행동을 조절하는 데 어려움을 겪고 있을 수 있습니다.

---

8 https://www.researchgate.net/publication/215768752_Wounds_that_time_won't_heal_The_neurobiology_of_child_abuse, 2024년 3월 9일 .

9 https://bulliedbrain.com/parents-bullying-their-own-kids, 2024년 3월9일

그들은 "그저 나쁜 아이들"입니다. "아이들은 자신의 본성을 반영하지 않는 온갖 행동을 합니다. 그들은 아직도 많은 것을 알아가는 중입니다. 실수를 저지른 착한 아이들일 수 있습니다."라고 아동 정신 연구소(Child Mind Institute)의 *스트레스 및 회복탄력성 프로그램*책임자 제이미 하워드 박사는 말합니다.

평소 잘 행동하는 아이가 다른 아이들에게 불친절하게 굴 수 있는 이유는 다양합니다. 몇 가지 예를 들면 다음과 같습니다:

- 아이가 친구 집단에 어울리려고 한 반 친구를 괴롭히는 경우.
- 가정이나 학교에서 괴롭힘을 당하고 있어, 타인에게 공격적으로 행동함으로써 권력감을 되찾으려 할 경우.
- 교사, 부모, 또는 친구들의 관심을 원하지만 다른 방법으로 얻지 못했을 경우.

- 동료들보다 본래 더 적극적이고 충동적인 성향을 가졌기 때문입니다.
- 다른 아이들의 행동을 실제로는 그렇지 않더라도 적대적으로 인식하는 경향이 있습니다.
- 자신의 행동이 피해자에게 어떤 감정을 주는지 완전히 이해하지 못합니다. 특히 어린 아이들에게서 두드러집니다.[10]

---

[10] https://childmind.org/article/what-to-do-if-your-child-is-bullying/, 2024년 3월5일

"세상에서 가장 잘 익고 달콤한 복숭아라도, 복숭아를 싫어하는 사람은 반드시 존재한다."

—디타 본 티즈

안타깝게도 괴롭힘은 호주에서 전국적인 유행병이 되어 학교, 직장, 온라인 공간 및 기타 사회 환경에 영향을 미치고 있습니다. 특히 신경다양성을 지니거나 장애를 가진 아동과 성인은 신경전형적이고 신체 건강한 또래보다 괴롭힘을 당할 가능성이 더 높습니다.[11]

신경다양성 집단 내에서 자폐 스펙트럼 장애를 가진 사람들이 가장 높은 괴롭힘 위험에 노출되었습니다. 특히 특수 의료 지원이 필요하지 않거나 저소득층 가정 출신인 경우, 자폐 아동은 초등학교보다 고등학교에서 더 많은 괴롭힘을 당할 가능성이 높았습니다.[12]

괴롭힘을 당한 후의 자신감.

괴롭힘을 당하면 우리의 자신감과 자존감은 큰 타격을 입습니다. 우리는 악의적인 말을 마음에 새기며, 왜 우리가 표적이 되고 배제되며 지목당했는지 합리화하려 애씁니다. 일어난 일을 잊는 것은 매우 어렵습니다. 이는 오랫동안 마음속에 남아, 매우 우울하게 만들 수 있습니다.

---

[11] AIHW [호주 보건복지연구소], *직장 내 존중.*

[12] https://www.autismawareness.com.au/aupdate/international-day-against , 2024년 3월 4일 .

이는 우리의 자존감과 자신감에 영향을 미칩니다.[13]

2020년 신경다양성 개인의 자존감에 관한 연구에 따르면, **자신의 뇌 기능이 가진 긍정적 측면을 인식할 수 있는 신경다양성 개인일수록 더 높은 자존감을 가질 가능성이 높습니다.**[14]

실제로 신경다양성은 개인과 주변 사람들에게 이로울 수 있는 다양한 강점과 독특한 능력을 지닐 수 있습니다.

2017년 *하버드 비즈니스 리뷰의* 또 다른 기사[15]는 신경다양성을 "경쟁 우위"로 묘사하며, 신경다양성이 패턴 인식, 기억력, 수학 같은 분야에서 "평균 이상의 능력"과 독특한 기술을 어떻게 이끌어낼 수 있는지, 그리고 과제와 문제에 대한 독창적인 접근 방식을 어떻게 가능하게 하는지 논의합니다.

신경다양성에 대한 관점을 전환해 볼 수 있는 몇 가지 방법은 다음과 같습니다:

- 신경다양성이 자신과 타인에게 어떤 이점을 줄 수 있는지 집중하면 자존감 형성에 도움이 될 수 있습니다.
- 다른 신경다양성 사람들과 신경다양성을 긍정하는 관계를 형성하는 것은

---

[13] https://bulliesout.com/need-support/young-people/confidence-after-bullying-young-people-are-you-being-bullied/, 2024년 3월 12일 .

[14] https://www.frontiersin.org/journals/psychology/articles/10.3389/fpsyg.2020.00913/full, 2024년 3월 12일 .

[15] https://hbr.org/2017/05/neurodiversity-as-a-competitive-advantage,2024년 3월 12일 .

이 커뮤니티의 가치, 아름다움, 다양성을 수용하고 인식하는 것입니다. 예를 들어, 신경다양성을 가진 사람들이 일자리를 찾고 경력을 쌓을 수 있도록 돕는 단체에 가입하거나, 지원 기관과 연결하거나, 신경다양성을 가진 사람들로 구성된 포럼이나 오프라인 모임에 참여할 수 있습니다.

- 신경다양성 사람들이 세상을 보는 방식을 이해할 수 있는 친구, 동료, 멘토, 커뮤니티 구성원을 갖는 것은 중요한 지원 형태가 될 수 있으며 자신감을 높일 수 있습니다.
- 유명한 신경다양성 개인들을 살펴보고 그들이 어떻게 자신만의 독특한 능력을 성공적으로 발휘했는지 배워보세요.

우울할 때는 우리가 이룬 놀라운 일들을 전혀 기억하지 못하는 것 같다는 점을 이해하지만, 항상 자신에게 '당신은 충분하다'고 말하세요. 누군가를 괴롭히는 것이 힘을 주는 것이 아니며, 괴롭힘을 당한다고 해서 피해자가 더 큰 사람이 되는 것은 아니라는 점을 기억하세요.

4

미래에 대한 걱정

"미래를 위한 경청은 힘든 작업이다.
리더들은 변동성(Volatility), 불확실성(Uncertainty),
복잡성(Complexity), 모호성(Ambiguity)으로 가득한 VUCA
세계의 소음 속에서도 경청하는 법을 배워야 합니다."[1]

—밥 요한슨

미래를 헤쳐 나가는 것은 힘든 일입니다. 자신의 직무에 진지한 모든 기업인, 경제학자, 정치인, 과학자, 연구원은 자신에게 다가올 미래가 무엇인지 알고 싶어 할 것입니다. 그들(우리처럼)은 폭풍 속에서도 돛을 올릴 준비가 되어 있고 그럴 수 있기를 바란다. 이 글을 쓰는 시점에서 두 가지 분야가 특히 우려를 자아내고 있습니다—기후 변화와 인공지능(AI)입니다.

---

[1] Johansen, B. (2012) *Leaders Make the Future: Ten New Leadership Skills for an Uncertain World.* Berrett-Koehler Publishers.

기후 변화.

2023년 11월 30일부터 12월 13일까지 아랍에미리트 두바이에서 열린 제28차 유엔 기후변화협약 당사국총회(COP 28)는 역대 최대 규모로 개최되었습니다. 150여 개국 국가원수 및 정부 수반을 포함해 약 85,000명의 참가자가 각국 대표단, 시민사회, 기업, 원주민, 청년, 자선단체, 국제기구 대표로 회의에 참석했습니다.

주요 성과는 다음과 같습니다:

- 심각한 배출량 감축과 확대된 재정 지원을 바탕으로 신속하고 공정하며 형평성 있는 전환의 토대를 마련함으로써 화석 연료 시대의 "종말의 시작"을 알렸습니다.
- 기후변화의 부정적 영향을 이미 겪고 있는 취약 국가 및 지역사회를 지원하기 위한 기금 설립에 합의했습니다.
- 변화하는 기후의 영향에 대한 회복탄력성을 확보하기 위해 세계가 도달해야 할 목표와 국가별 노력을 평가하는 '적응을 위한 글로벌 목표(GGA)'의 목표 및 프레임워크에 합의했습니다.
- 기후 행동과 자연 보전을 연계할 예정입니다.

- 정부, 기업 및 시민 사회가 협력하고 실질적인 기후 해결책을 선보일 수 있는 플랫폼을 제공할 예정입니다.

인공지능(AI) 시대*.

2023년 11월 4일자 9뉴스 보도에 따르면, 사이버 범죄자들은 AI를 활용해 온라인에서 가짜 인물을 생성하고 있습니다. 이들은 현실적인 텍스트 대화를 할 수 있도록 봇을 프로그래밍하고, 데이트 앱에서 호주인들을 속이기 위해 사진과 오디오를 생성합니다.

AI 봇은 상대방이 실제 사람과 대화한다고 믿게 만든 후 오랜 기간 교감을 형성한 뒤, 감정적인 이야기를 들려주며 데이팅 앱 사용자에게 송금을 유도합니다. 과거에는 콜센터 직원 한 명이 하루에 약 20건의 사기를 저질렀지만, 이제는 수많은 자동화 채팅봇 덕분에 한 번에 수십만 명을 대상으로 사기를 시도할 수 있게 되었습니다.

이 사기 유형은 인기 생성형 AI 도구인 ChatGPT를 연상시키는 '러브GPT(LoveGPT)'로 불립니다.

---

[2] https://unfccc.int/cop28/5-key-takeaways, 2024년 1월 21일 .

[3] https://www.9news.com.au/national/love-gpt-ai-dating-app-scam-on-the-rise/3c099b75-a28f-44b4-8f6d-f2271b55925f#:~:text=Cybercriminals%20are%20using%20AI%20to,using%20the%20Adobe%20Firefly%20 application, accessed 21 January 2024.

요약하자면, 신경다양성 자녀의 미래를 걱정하고 계시다면, 그것은 올바른 태도입니다. 자녀를 진지하게 양육하고 최선을 다하고 계신 것입니다.

신경다양성 자녀의 미래 준비를 위해 지금 당장 집중할 수 있는 두 가지 영역이 있습니다. 바로 '취업'과 '독립생활'입니다. 몇 가지 통계를 살펴보겠습니다.

*ChatGPT3.5를 몰래 사용해 AI에 대해 글을 쓰고 싶었지만, 작가로서 나쁜 본보기가 될 것 같아 포기했습니다.

노동시장 내 장애인 현황

호주 통계청(ABS)은 3년마다 '장애·노인·보호자 실태조사(SDAC)'를 실시하며, 가장 최근 조사는 2018년 7월부터 2019년 3월까지 진행되었습니다. 조사 결과는 2019년 11월에 발표되었습니다.

2018년 SDAC 조사에서 자폐 스펙트럼 장애를 가진 15세에서 64세 사이의 근로 연령층은 94,600명이었습니다. 이 중 38%가 노동 시장에 참여했으며, 이는 스펙트럼 장애가 없는 사람들의 84.1%와 대비됩니다. 또한 자폐 스펙트럼 장애를 가진 사람들의 실업률(34.1%)은 자폐증이 없는 사람들(4.6%)에 비해 현저히 높았습니다.

호주에서는 20,000명 이상의 장애인이 호주 장애인 기업(Australian Disability Enterprises, ADE)에 고용되어 있습니다. ADE는 이전에는 호주 장애인 고용청이 운영하던 '보호 작업장(Sheltered Workshops)'으로 불렸습니다.

지적 장애를 가진 근로자가 ADE 노동력의 75%를 차지합니다. 호주의 ADE 부문은 일반적으로 1950년대 초반으로 거슬러 올라가며, 당시 장애인 가족들이 장애인에게 직업 활동을 제공하기 위해 보호 작업장을 설립했습니다.[4]

게다가 이들 대다수는 동등한 가치의 노동에 대해 동등한 임금을 받지 못할 뿐만 아니라, 동일한 법정 급여 등급에서 동일한 업무를 수행하는 비장애 근로자와 동일한 산업 보호를 받을 수 없습니다. 이는 그들의 임금을 불공정하게 할인하는 비즈니스 서비스 임금 평가 도구(BSWAT)의 적용을 받기 때문입니다.

이러한 통계를 인지한 지금, 우리 부모들은 직업 선택권과 공정한 임금(FAIR WAGES)을 위한 옹호 활동에 나서야 합니다. 현재 진행 중인 캠페인이 있지만, 신경다양성 개인이 신경전형적 환경에서 일할 능력이 없다는 오해를 깨기 위해서는 더 많은 지역사회 지원이 필요합니다. 예를 들어, 2015년 10월에는 녹색당 부대표이자 멜버른 지역구 의원인 애덤 밴트(Adam Bandt) 의원이 장애인 임금 정의를 위한 캠페인을 진행했습니다. 아래는 캠페인 성명서 발췌문입니다:

---

[4] https://thespectrum.org.au/autism-in-australia-today/#:~:text=Perhaps%20the%20most%20significant%20of,the%20spectrum%20in%20this%20 country, accessed 17 September 2023.

모든 ADE(장애인 고용 기관)가 장애를 이유로 차별하지 않는 공정한 임금 평가 도구를 사용하여 임금을 결정하기 시작하기를 바랍니다. PWDA(호주 장애인 협회)는 장애인에게 공정한 임금과 근로 조건을 제공하는 것이 ADE의 폐쇄로 이어질 것이라고 믿지 않습니다. 공정한 임금 지급이 ADE 폐쇄와 일자리 손실을 초래한다는 일부 ADE의 주장을 뒷받침할 증거는 없습니다.

정부는 ADE가 추가 임금 비용을 지급하고, 새로운 임금 체계로 전환하며, 장애인의 지속적인 고용을 지원하고, 직원과 그 보호자/가족에게 ADE가 폐쇄되지 않을 것이라는 확신을 제공하기 위해 상당한 자원(1억 7,300만 달러 이상)을 투입하기로 약속했습니다.

장애인은 자신이 일하고 싶은 곳을 선택할 권리가 있지만, 호주 노동력의 다른 구성원들과 마찬가지로 공정한 임금과 근로 조건을 누릴 권리도 있습니다."[5]

폴 램지 재단이 지원하는 또 다른 프로젝트는 뉴사우스웨일스주와 빅토리아주를 시작으로 전국적 차원에서 진행됩니다. 장애인 단체 리더들과 협력하여 세 기관이 '장애인 고용 촉진 프로젝트(Disability Employment Catalyst)'에 참여하고 있습니다. 해당 기관은 유랄라(Yooralla), 라이프 위드아웃 디스어빌리티(Life Without Disability)

---

[5] https://pwd.org.au/wage-justice-campaign/ 2018년 11월 13일 보도,2023년 9월 20일 확인.

장애 서비스 부문 내 일반 고용 기회로 이어지는 장애인 구직자 고용 경로를 구축하는 개념입니다. 신원 확인, 훈련, 배치, 지원 모델을 중심으로 설계되어 경력 발전을 위한 역량 강화에 중점을 둡니다. '장애 고용 촉진 프로그램'이 다른 모델과 차별화되는 핵심 요소는 장애인이 직접 설계, 운영, 주도한다는 점입니다.[6]

멘토들과 그들의 성인 신경다양성 자녀에 대해 이야기할 때, 그들이 자녀를 노동시장에 위치시키는 방식에 몇 가지 유사점이 있음을 발견했습니다.

그들은 지역 사업을 시작하고 자녀들을 직원으로 고용했습니다. 자녀들은 견습생으로 일하며 급여(퇴직연금 포함)를 받을 수 있습니다. 급여명세서와 퇴직연금이 있기 때문에 자녀들은 집을 임대하고, 차를 구입하며, 신용 점수를 쌓을 수 있습니다. 이런 것들이 꼭 필요하지는 않더라도 갖추고 있으면 좋습니다.

일부 부모들은 지역 사회와 매우 강한 유대감을 형성하여 자녀들을 위한 멘토를 연결해 줄 수 있었습니다. 예를 들어, 지역 어린이집 운영자 중 한 명은 난독증을 가지고 있어 학습 장애를 가진 학생들이 유아교육사가 되기 위한 필기 시험을 통과하기 어렵다는 점을 이해하고 있었습니다. 이 운영자는 해당 학생들이 구두 시험을 통해 자격증을 취득할 수 있도록 도왔습니다.

---

[6] https://www.theachievefoundation.org.au/employment, 2023년 9월 27일

시험을 통해 자격증을 취득하도록 지원하고 고용 기회를 제공했습니다. 또 다른 훌륭한 사례로는 스포츠 클럽에서 특별 지원 팀을 운영하여 스포츠 협회에 의미 있게 기여하고 경쟁하는 경우가 있습니다.

연구 과정에서 저는 신경다양성 개인이 직장에서 성공할 수 있도록 돕는 것에 대한 관점을 듣기 위해 경영 코치 및 고위 관리진과도 이야기를 나눴습니다.

그들은 많은 청중이 훈련 중 신경다양성에 대해 이야기하는 의도를 오해하고 불쾌감을 느꼈다고 생각했습니다. 따라서 그들의 훈련은 대신 리더들이 직장 및 관계에서의 성공을 높이기 위해 사회정서적 지능과 공감 능력을 배우는 데 초점을 맞춥니다. 그들은 또한 신경다양성을 가진 개인들이 새로운 환경, 사람들, 일상 때문에 어려움을 겪고 있다고 생각하며, 정부가 (신경다양성을 가진) 고용을 촉진하기 위한 인센티브를 도입할 수 있다고 제안했습니다.

장애를 가진 근로자들을 위한 공정한 임금과 근로 조건을 옹호하는 우리의 역할을 계속해 나간다면, 이는 신경다양성을 가진 우리 아이들이 동등한 권리를 누리고 사회의 소중한 구성원으로 인정받는 데 도움이 될 것입니다.

지원 독립 생활(SIL).

호주 노숙자 인구의 약 5%는 중증 또는 심한 장애를 가진 사람들입니다*.

자녀가 독립할 나이가 되면 지원 독립 생활(SIL)로 전환할 수 있습니다.

SIL은 장애인이 보다 독립적으로 생활할 수 있도록 지원합니다. 이러한 지원에는 식사 준비 및 개인 위생 관리와 같은 일상적인 작업에 대한 도움이 포함될 수 있으며, 사람들이 집을 떠나 보다 독립적으로 생활할 수 있도록 하는 것을 목표로 합니다.

SIL은 일반적으로 가정 내 지원이 필요한 높은 수준의 지원이 필요한 사람들에게 가장 적합합니다. SIL 지원은 개인의 필요에 맞춰 설계되므로 각 사람마다 다릅니다. 예를 들어 요리, 청소, 쇼핑과 같은 일상적인 업무가 포함될 수 있습니다. 또한 지역사회 활동 참여 지원, 약속 관리, 목표 달성을 위한 계획 수립 지원도 포함될 수 있습니다. SIL 자금은 임대료, 교통비, 식료품비 또는 기타 생활비를 포함하지 않습니다.[7]

해당 시설은 다른 신경다양성 개인들과 함께 공유하는 독립 생활 환경을 제공하며, 24시간 지원(야간 활동 또는 숙박 지원 모델 등)을 제공합니다. 직원들은 거주자들이 원하는 삶을 살며 우정을 쌓고 지역사회와 연결될 수 있도록 적절히 훈련될 것입니다. 예를 들어 일부 직원은 1:3 비율로 배치될 수 있습니다. 직원들의 주요 역량 및 훈련 분야에는 응급처치, 약물 관리 훈련, 감염 관리, 건강한 요리, 일상생활 지원 등이 포함됩니다.

---

[7] https://www.activ.asn.au/blog/the-supported-independent-living-sil-process-explained/, 2023년 9월 17일 .

*장애란 신체적, 지적, 감각적 또는 심리사회적 차원에서 일상 활동을 제한하는 모든 제약, 제한 또는 장애를 의미합니다.[8]

신경다양성 커뮤니티의 정신 건강.

무엇보다도 우리는 우리 아이들의 정신 건강에 집중하고자 합니다.

약간의 걱정은 도움이 될 수 있습니다. 가끔의 걱정은 삶의 정상적인 부분이며, 특정 상황에서 적응하는 데 도움을 줍니다. 어느 정도의 불안은 동기 부여와 집중력에 유익할 수 있습니다.

심리학의 예르케스-도슨 법칙은 최고 성능을 발휘하기 위한 최적의 각성 또는 불안 수준을 제시하지만, 이는 특정 한계점까지만 해당됩니다. 이 법칙은 목표 달성을 위해 지나친 노력이 불필요하고 오히려 해로울 수 있음을 설명합니다. 또한 개인의 '최적 수행 영역'을 실험해보고 과제에 더 유연하게 접근하는 개념을 소개합니다.[9]

그러나 걱정이 지나치게 심해지는 경우, 즉 만성적 또는 일반화된 불안으로 알려진 상태가 되면 일상생활에 지장을 줄 수 있습니다.

---

[8] https://www.aihw.gov.au/reports/homelessness-services/specialist-homelessness-services-annual-report/contents/clients-with-disability, 2023년 9월 17일 .

[9] https://www.psychologytools.com/resource/performance-and-the-yerkes-dodson-law/#:~:text=The%20Yerkes%2DDodson%20Law%20(Yerkes,too%20high%2C%20their%20performance%20deteriorates, 2023년 9월 29일 .

일반화된 불안 장애는 가장 흔한 정신 장애 중 하나입니다. 매년 최대 20%의 성인이 불안 장애의 영향을 받습니다. 일반화된 불안 장애는 두려움, 걱정, 그리고 끊임없이 압도당하는 느낌을 유발합니다. 일 반 화된 불안 장애는 일상적인 사물에 대한 지속적이고 과도하며 비현실적인 걱정으로 특징지어집니다. 이러한 걱정은 재정, 가족, 건강, 미래에 대한 우려 등 다각적일 수 있습니다. 이는 과도하고 통제하기 어려우며, 종종 비특이적인 심리적 및 신체적 증상들을 동반합니다.

정신 장애 진단 및 통계 매뉴얼(2013)(DSM-5)의 진단 기준은 다음과 같습니다:

- 최소 6개월 이상 지속되는 과도한 불안과 걱정
- 걱정을 통제하기 어려움
- 불안은 최소 6개월 동안 아래 증상 중 3개 이상과 연관됨:
    1. 불안감, 긴장감 또는 초조함
    2. 쉽게 피로해짐
    3. 집중력 저하 또는 공허감
    4. 근육 긴장
    5. 수면 장애
    6. 과민성

- 불안으로 인해 사회적 및 직업적 영역에서 상당한 고통이나 기능 저하가 발생함
- 불안은 신체적 원인에 기인하지 않습니다.[10]

저는 2023년에 정신건강 응급처치(MHFA) 과정을 수강했습니다. MHFA는 일반 응급처치 과정과 유사합니다. 우리는 구급대원이 아니지만, 정신건강 위기를 겪는 개인을 도울 수 있습니다. 2000년 최초의 Mental Health First Aid® (MHFA™) 과정을 개설한 이래, 정신건강 응급처치는 호주 및 국제적으로 가장 신뢰받는 근거 기반 정신건강 교육 프로그램 중 하나로 자리매김했습니다.

현재 100만 명 이상의 호주인이 정신건강 응급처치 교육을 이수했습니다. 호주 정신건강 응급처치 협회는 **2030년까지 호주 성인 10명 중 1명이** 교육을 받도록 하는 것을 목표로 하고 있습니다. 이미 교육을 받은 이들은 전국의 모든 직장, 학교, 지역사회 단체 및 개인이 이 목표 달성을 돕도록 촉구하고 있습니다.[11]

제가 정신 건강을 꾸준히 관리하려는 이유는, 우리가 끊임없이 걱정하고 우울해하면 아이들에게도 영향을 미치기 때문입니다. 또한 저는

10
https://www.ncbi.nlm.nih.gov/books/NBK441870/#:~:text=Generalized%20anxiety%20disorder%20is%20a,unrealistic%20worry%20about%20everyday%20things, 2023년 9월 23일 .

11
https://mhfa.com.au/?gclid=EAIaIQobChMIhOaovuzJgQMVps0WBR0JjAA3EAAYASAAEgLJ5vD_BwE, 2023년 9월 27일 .

비유처럼, *"빈 컵으로는 물을 따라줄 수 없다"*는 말처럼.

호주에서 자살로 사망한 남성 중 4.6%가 자폐증 환자였으며, 이는 약 2%로 추정되는 자폐증 유병률(모든 성별)을 훨씬 초과하는 수치입니다. 라트롭 대학교가 2021년 정신건강 및 자살 예방 특별위원회에 제출한 아만다 리치데일 교수의 '호주 정신건강 및 자살 예방에 관한 조사' 보고서에 따르면, 자폐인들은 자살로 인한 조기 사망 위험이 3~9배 더 높습니다.[12]

최근 *유튜브에서*흥미로운 영상을 봤습니다. 두 남자가 대화 중이었습니다. 나이 든 남자가 젊은이에게 물었습니다. "내일 아침에 네 통장에 백만 달러가 들어온다면 어떻게 될까?"

젊은 남자는 매우 행복할 거라고 대답했습니다.

그러자 나이 많은 남자가 계속 물었습니다. "그 백만 달러가 천만 달러가 된다면?"

젊은이는 환하게 웃으며 열 배는 더 행복해질 거라고 했습니다.

노인은 잠시 멈추고 물었습니다. "만약 그 돈을 가졌는데, 내일 아침에 일어나지 못한다면 어떨까?"

젊은이는 잠시 생각한 뒤 그 돈은 더 이상 원하지 않을 거라고 말했습니다.

---

[12] https://opal.latrobe.edu.au/articles/report/La_Trobe_University_/14265239, 2023년 9월 17일 확인.

"그럼 지금부터 매일 아침 눈을 뜰 때마다 1천만 달러보다 더 행복해야 할 거야."[13]

[13] Layaavlogs. (2021). *This is worth more than a $10 million dollars*. https://www.youtube.com/watch?v=FN2geiv_QsY

5

학교는 할 수 없는 것이지, 하지 않는 것이 아니다

"저는 교육 방법을 발명하지 않았습니다. 단지 어린 아이들에게 살아갈 기회를 주었을 뿐입니다."

—마리아 몬테소리

호주에서는 5세부터 17세까지 모든 아동이 무료 교육을 받을 권리가 있습니다. 교육은 개인 발전, 경제 성장, 사회 진보, 글로벌 웰빙의 초석입니다.

그러나 학교에 가지 않겠다고 거부하는 아이들의 수는 사상 최고치를 기록하고 있으며, 상원 보고서 *『학교 거부 현상의 전국적 추세 및 관련 사항』*은 이 복잡한 문제에 대한 잠재적 해결책을 제시하고 있습니다. 호주 및 국제 문헌에서 추정하는 학교 거부 현상의 유병률은 전체 학생의 1~5% 사이입니다.[1]

[1] https://www.abc.net.au/news/2023-08-11/rising-cases-of-school-refusal-prompt-calls-for-urgent-action/102719090, 2023년 8월 30일 .

1만 명의 회원을 보유한 동료 지원 네트워크 *'스쿨 캔트 오스트레일리아(School Can't Australia)*'에 따르면, 해당 커뮤니티 내 학생의 약 75%가 장애를 가지고 있습니다. 그들은 학교에 갈 수 없는 것이지, 가지 않으려는 것이 아닙니다.

이 단체는 출석 문제가 교육 시스템의 포용성 부족과 종종 연관되어 있다고 밝혔습니다.

공립 및 사립 학교를 아우르는 가중치 적용 결과, 39%의 학부모가 자녀가 지난 1년간 학교 거부 경험을 했다는 데 동의하거나 강력히 동의했습니다.

퀸즐랜드 주 그린당 상원의원이자 전직 교사인 페니 올먼-페인(Penny Allman-Payne)은 "이 수치가 이렇게 높다는 사실은 충격적이었습니다. 하지만 이런 일이 발생하고 있다는 사실 자체는 놀랍지 않다"고 말했습니다.

"상원 조사 과정에서 다수의 가정이 오랫동안 '학교 갈 수 없음'을 경험해 왔다는 사실을 분명히 확인했습니다."[2]

올먼-페인 의원은 "학교 거부증은... 행동 문제가 아닙니다. 부적절한 양육으로 인한 것도 아닙니다. 청소년의 환경 속 어떤 요인에 의해 유발되는 스트레스 반응입니다"라고 말했습니다. 위원회[*상원 교육고용위원회*]는 부모를 위한 자원과 조언을 제공하는 '원스톱 지원 서비스'에 대한 자금 지원을 포함해 총 14개의 권고안을 제시했습니다. 권리 옹호 전문가들은 이 서비스에 대한 수요가 매우 크다고 말합니다.

---

[2] https://www.abc.net.au/news/2023-11-08/family-children-school-refusal-problem-bigger-than-thought/103073010, 2024년 4월 4일 .

위원회에 참여한 의원들은 또한 **학교 거부 현상이 부모의 실패가 아님을** 분명히 했습니다.[3]

그렇다면 학교 거부란 무엇이며, 왜 발생하는 것일까?

등교 거부란 학생이 학교에 다니는 데서 오는 정서적 고통을 기반으로 한 출석 문제의 한 유형입니다. 정의에는 차이가 있지만, 등교 거부의 특징은 다음과 같습니다:

- 학교에 가기를 꺼리거나 거부하는 태도, 종종 장기적인 결석으로 이어짐(일부 정의에는 결석 기준이 포함됨)
- 공포, 불안, 우울, 분노, 고집스러운 저항, 신체적 건강 문제(두통, 복통 등), 수면 장애 등 다양한 형태로 나타나는 심각한 정서적 고통
- 부모나 보호자의 허락을 받고 집에 머무름
- 부모가 자녀의 학교 출석을 보장하려는 시도
- 중대한 반사회적 장애가 없음에도 불구하고 거부하는 경우.

학교 거부 현상은 모든 학년에서 발생할 수 있으나, 특정 연령대(보통

---

[3] ABCnews_au 인스타그램, 2023년 8월 12일 확인

5~6세와 10~11세 사이) 및 전환기(초등학교 또는 고등학교 입학, 전학 등)에 발생합니다.

자폐 스펙트럼 장애(ASD) 및 ADHD 학생들은 학교 거부 위험이 더 높습니다.

예를 들어, 크리스토퍼 커니Christopher Kearney[4]가 영국 ASD 학생들을 대상으로 한 연구에 따르면, 학생의 43%가 지속적인 결석(가능한 수업 시간의 10% 이상 결석)을 보였으며, 그 중 43%가 학교 거부 때문인 것으로 나타났습니다.

Kearney는 자폐 스펙트럼 아동의 학교 결석 원인을 조사한 호주 연구인 *'School Refusal'을* 인용하여 응답자의 72.6%가 지속적인 결석(20일 동안 3일 이상 결석)을 보였으며, 학교 거부/기피가 전체 반일 및 전체 결석 일수 중 가장 많은 비율을 차지한다고 밝혔습니다.

학교 거부 행동에는 다양한 수준과 유형의 결석을 반영하는 스펙트럼이 존재합니다.[5] (아래 그림 1 참조).

---

[4]Kearney, C. (2018). *학교 거부 아동과 그 부모 돕기: 학교 기반 전문가를 위한 가이드.* 뉴욕: 옥스퍼드 대학교 출판부.

[5] https://www.aph.gov.au/About_Parliament/Parliamentary_departments/Parliamentary_Library/pubs/rp/rp2223/SchoolRefusal, 2023년 8월 30일 .

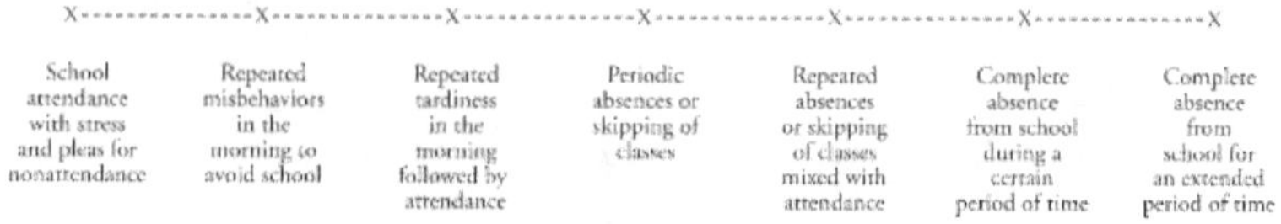

X - - - X - - - X - - - X - - - X - - - X - - - X

School attendance with stress and pleas for nonattendance	Repeated misbehaviors in the morning to avoid school	Repeated tardiness in the morning followed by attendance	Periodic absences or skipping of classes	Repeated absences or skipping of classes mixed with attendance	Complete absence from school during a certain period of time	Complete absence from school for an extended period of time

그림 1: *등교 거부 행동의 스펙트럼.*[6]

연구 과정에서 저는 하버드 교육대학원에서 마음·뇌·교육 프로그램 책임자이자 개인의 과학 연구실(Laboratory of the Science of the Individual)을 이끄는 토드 로즈(Todd Rose)의 인터뷰를 시청했습니다. 그는 스트레스의 신경과학, 학습과의 관계, 그리고 스트레스와 학습의 역할에 대해 우리가 발견하고 있는 내용에 대해 이야기합니다. 아래는 그의 인터뷰 전문 일부입니다.[7]

> *"사실 약간의 스트레스는 긍정적일 수 있습니다.*
>
> *하지만 '독성 스트레스'라는 용어가 의미하는 바는 환경에 불확실성이 지나치게 많을 때, 환경이 정말 맞지 않을 때, 자신의 노력이 충분하지 않을 때입니다. 학교에 등교하면서 먹을 수 있을지, 총에 맞을지 걱정하는 상황에서는 뇌가 실제로 생존 모드로 전환됩니다.*
>
> *그리고 싸우거나 도망가야 하는 상황에 빠지고, 이런 독성 스트레스 수준이 만들어지면, 뇌는 실제로 재조정됩니다.*

---

[6] Kearney, C. (2018). *학교 거부 아동과 그 부모 돕기: 학교 기반 전문가를 위한 가이드.* 뉴욕: 옥스포드 대학교 출판부.

[7] Rose, T. (N.D.) *'학습의 리더를* 과정의 일환으로 진행된 온라인 인터뷰. https://pll.harvard.edu/course/leaders-learning.

생존을 향해 다시 집중하게 됩니다. 그리고 우리가 발견한 것은 이 과정이 그 순간 뇌의 기능적 수행 방식을 변화시킨다는 점입니다. 예를 들어, 전전두엽 피질의 대부분이 기능적으로 꺼집니다.

생각을 하려는 게 아니라 생존을 위해 행동합니다.

그래서 에너지를 재분배하고 자원을 뇌의 특정 영역으로 집중시키는데, 이 영역들은 단순히 그 환경에서 벗어나게 하는 역할을 합니다. 그래서 우리가 흔히 목격하는 것은, 이런 높은 스트레스 상황에 처한 아이들은 감정적으로 반응적입니다.

사물에 대한 감정적 반응을 조절하지 못합니다. 실행 기능이 저하되고, 학습의 핵심 기반이 되는 모든 것이 손상됩니다. 이러한 유해한 스트레스 환경은 실제로 뇌에 침투하면 기억 형성에 관여하는 해마 기능을 손상시킵니다.

문제는 이것이 악순환을 만들어낸다는 점입니다. 스트레스를 유발하는 환경 때문에 학습이 이루어지지 않고, 결국 뒤처지게 되며, 이는 계속될수록 더 많은 스트레스를 야기합니다. 그래서 저에게 놀랍고도 중요한 점 중 하나는 스트레스가 객관적일 거라고 생각한다는 것입니다.

예를 들어 아이를 보고 '자네 목숨을 걸고 싸우는 것도 아닌데, 그냥 읽기 수업에 참여하는 것뿐이잖아'라고 말할 수 있겠죠. 하지만 사실은 읽기 장애가 있는 아이와 그렇지 않은 아이의 뇌 활동 패턴이 생리학적으로 동일하다는 점이 밝혀졌습니다."

핵심은 학교에 다니는 것을 당연시해서는 안 된다는 점입니다. 학교가 쉽고 자연스러운 곳이라고 생각해서는 안 됩니다.

"정치인이 일하는 정부 기관에 가보면 항상 아주 쾌적하고 좋은 환경이잖아요. 그런데 정부는 젊은이들이 낡고 시끄럽고 단열도 안 되고 조명도 제대로 안 되는 교실에 매일 출석하길 기대해도 괜찮다고 생각하죠." 페니 올먼-페인(Penny Allman-Payne)이 말했습니다.[8]

때로는 학교나 아이에게 문제가 있는 게 아니라 둘 사이에 맞지 않는 경우가 있습니다. 특수교육 교사에게 물어보면 대부분 부모가 생각하는 좋은 학교가 아니라 아이의 필요에 가장 잘 맞는 학교를 선택하라고 조언할 것입니다.

아이가 중간에 데리러 오지 않아도 하루 종일 학교에 다닐 수 있다면 그날은 좋은 날입니다. 작은 성취를 축하하세요. 아이를 자랑스러워하세요.

자녀에게 맞는 학교를 찾았다면 교직원들에게 친절하게 대해주세요.

저는 몬테소리 교육 과정을 사랑합니다. 마리아 몬테소리(1870–1952)는 몬테소리 교육법을 개발했습니다. 그녀는 이탈리아의 의사이자 교육자, 혁신가로 유아 교육 분야의 선구적인 업적으로 가장 잘 알려져 있습니다.

---

[8] https://www.abc.net.au/news/2023-11-08/family-children-school-refusal-problem-bigger-than-thought/103073010, 2024년 4월 4일

몬테소리 교육법에 대해 읽고 아들의 학습 장애를 알게 된 후, 이것이 아들에게 가장 적합한 교육이라고 판단했습니다. 우리는 아들을 몬테소리 놀이 그룹에 등록시키고 필요한 서류를 모두 작성한 후 등록비를 납부했습니다. 아들이 유치원에 입학할 무렵 학교 면접을 보러 갔습니다.

"죄송하지만, 저희는 귀하의 자녀를 지원할 자원이 없습니다." 당시 교장이 말했습니다. 저는 아들이 최소한 한 학기나 두 학기 정도는 시도해 볼 수 있는지 물었습니다. 단호한 답변은 '아니오'였습니다. 아들의 요구 사항이 너무 높고, 학교 측에 그럴 능력이 없다는 판단이었습니다.

제가 직접 교육 보조원을 고용해 아이에게 일대일 지원을 제공하기로 동의한다면 타협할 수 있다고 했습니다. 학교 견학과 오리엔테이션 과정에서 그려진 모습과 전혀 달랐을 뿐만 아니라, 그들이 지지적이고 긍정적이었던 점까지 생각하니 저는 엄청나게 실망했습니다.

어쨌든 마음을 가다듬고 감사 인사를 드렸습니다. 아이러니하게도 교장실을 나설 때 교장 선생님은 "몬테소리 교육이 특수 교육 아동을 지원하는 것으로 유명하다는 건 알고 있지만, 아이가 '나아지면' 다시 오세요"라고 덧붙이셨습니다.

당연히도 그 몬테소리 학교는 이후 문을 닫았습니다.

이제 홈스쿨링에 대해 이야기해 보겠습니다.

다른 모든 방법이 실패할 경우 아들을 홈스쿨링시키려는 생각은 해봤습니다.

홈스쿨 법률 방어 협회(HSLDA)에 따르면, 2019년 호주에서 홈스쿨링을 등록한 학생은 21,437명으로 지난 8년간 105% 증가했으며 연간 성장률은 9.4%입니다. 이는 전체 학교 인구의 0.5% 또는 1:200의 비율을 나타냅니다.

9.4%의 복합 성장률이 지속되고 매년 홈스쿨링 학생의 25%가 학교로 복귀한다고 가정할 경우, 향후 12년간 약 15만 명의 신규 학생이 홈스쿨링을 경험하게 될 것입니다. (성장률을 6%로 보수적으로 추정할 경우, 동일 기간 동안 105,000명의 신규 학생이 홈스쿨링을 받게 될 것입니다.)[9]

"아이들에게 충분히 이른 나이에 올바른 환경을 제공한다면 말썽은 사라질 것입니다. 이 환경은 풍부한 정신적 양식과 따뜻하고 사랑이 넘치는 대우를 제공해야 합니다."

—마리아 몬테소리 *– 1946년 런던 강연*[10]

저는 몬테소리 개념에 기반한 홈스쿨링에 대해 비공식적으로 배웠습니다. 좌절감을 느끼며 특수교육이 이렇게 되어서는 안 된다는 것을 깨달았습니다. 그래서 비공식 멘토(이에 대해서는 7장에서 더 자세히 다룹니다), 즉 나이가 더 많은 특수교육 대상 자녀를 둔 부모들을 찾기 시작했습니다.

---

[9] https://hslda.org/post/australia-homeschooling-trends-over-the-last-decade, 2023년 8월 30일.

[10] https://montessori150.org/maria-montessori/montessori-quotes, 2023년 8월 31일.

그들의 여정을 알아가는 과정이었습니다. 교육에 만능 해결책은 없으며, 어떤 형태의 학교 교육도 도전적이라는 사실을 깨달았습니다. 제 조언은? **일찍 시작하세요!**

처음부터 모든 게 순조롭진 않을 수 있습니다. 예를 들어, 제 아들은 유치원 이후 학교를 옮겼습니다. 우리는 문제를 해결하고 싶어 합니다. '포기'하고 싶지 않죠. 변화가 어렵게 느껴지고, 나중에 후회할까 봐 걱정됩니다. 하지만 부모의 반응이 아이의 감정에도 영향을 미칩니다.

예를 들어, 학교를 옮기면 아이가 새 친구를 사귀기 어려울 거라고 생각한다면, 새 학교에서 학부모 친구를 사귀는 모습을 보여주세요. 당신도 노력하고 있으며 아이의 감정을 이해한다는 것을 보여주는 것입니다.

어떤 교육적 선택을 하든, 신경다양성을 가진 아이의 부모로서 우리는 신경전형적 아이들과는 다른 관점에서 자녀의 목표를 바라봅니다. 하지만 궁극적으로 우리는 아이들이 의미 있는 삶을 살도록 키우고자 합니다.

이제 학교 이사회 의장이 된 후, 학교의 분위기와 문화를 정립하는 것은 교장이라는 점을 깨달았습니다. 항상 본능적인 직감을 따르되, 절대 학교에 자녀를 받아달라고 애원하지 마십시오. 학교가 자녀를 도울 능력도 마음도 보이지 않는다면, 그 판단을 믿고 다른 곳을 찾아보십시오.

학업 성적이 중요하다는 것은 알고 있습니다. 좋은 성적은 자녀에게 더 많은 진로 선택권을 줄 수 있습니다. 그러나 학업 구조는 학교 시스템 내에서 고정되어 있습니다.

예를 들어, 80점을 받으면 반드시 A를 받고, 모든 과목에서 A를 받으면 최상위 반/학교에 갈 수 있습니다.

좋은 성적은 마치 <*찰리와 초콜릿 공장*>의 '황금 티켓'과 같습니다. 장학금, 상 등을 받을 가능성이 가장 높죠. 하지만 대학에서 더 높은 학위를 취득하지 않는 한, 우리는 인생의 첫 20년 동안만 학생일 수 있습니다. 그 이후는 직장입니다. 대부분의 성인은 40년 이상 일합니다.

직장은 학교와 같은 구조가 아닙니다. 시험도 없습니다. 직장은 인성, 태도, 팀워크, 문제 해결 능력, 감성 지수(EQ), 비판적 사고를 중시합니다. 따라서 자녀의 인생 첫 20년을 오로지 공부(좋은 성적)에만 집중한다면 직장 생활에 적응하기가 더 어려울 수 있습니다. 자녀의 인생은 학생으로 사는 것 이상입니다.

제가 학교를 찾기 시작한 방법.

아들이 유치원에 갈 나이가 되기 몇 년 전부터 적합한 유치원을 찾기 시작했습니다. 초등학교 졸업 최소 몇 년 전부터는 고등학교도 알아보기 시작했죠. 시간이 많을수록 불안감은 줄어듭니다.

지금 이 글을 쓰는 시점에서 우리는 아들의 고등학교 진학처를 찾고 있습니다. 이는 가장 어려운 난제 중 하나입니다. 평소처럼 저는 '수다'를 떨기로 했습니다.

수다는 부재 중인 사람에 대한 평가적 대화"입니다. 이는 "사회적 환경 구성원에 관한 가치 판단이 담긴 정보를 비공식적으로 전달하는 과정"입니다.[11]

중립적인 수다는 모두에게 도움이 됩니다. 정보를 공유하는 행위이며, 대개 무해합니다. 이는 물건을 구매하기 전에 꼼꼼히 조사하고 리뷰를 읽는 것과 유사합니다. 연구에 따르면 고객의 93%가 제품 구매 전 온라인 리뷰를 읽습니다.[12]

우리는 지역사회 내에서 더 많은 대화를 나누고, 각 학교 교장에 대한 정보를 더 많이 수집하며, 우리의 목표를 명확히 하는 데 더 많은 시간을 할애해야 합니다.

우리가 어떤 것에 대해 솔직한 의견(좋은 점과 나쁜 점 모두)을 공유하는 한, 수다를 떠는 것은 잘못된 일이 아닙니다. 네, 모든 사람의 여정은 다르고 상식이 항상 상식인 것은 아닙니다. 결국, 물론 우리가 어떻게 결정을 내릴지는 우리 자신에게 달려 있습니다.

---

[11] https://positivepsychology.com/positive-gossip/, 2023년 9월 4일 .

[12] https://www.qualtrics.com/blog/online-review-stats/, 2023년 9월 4일 .

6

신경다양성 자녀에게 형제자매를 원하는 부모의 이유

"네 필요는 두 번째였다": 사랑, 원망, 그리고 다른 아이로 살아가기.

—사라 아유브

노라* (**개인정보 보호를 위해 이름은 변경되었습니다*)는 아주 어린 나이부터 그 책임을 인지하고 있었기에, 신체적·지적 장애를 가진 여동생을 염두에 두고 인생 선택을 했습니다. 나중에 집을 나가는 시기를 늦추고 부모님 곁에서 일할 수 있는 직장을 선택한 것도 그 때문입니다.

어린 시절 그녀는 마치 "어린 시절을 빼앗긴 것" 같다고 느꼈습니다.

“당신은 그저 어른이 되어 이해하고, 책임감을 가지며, 자신의 욕구를 객관적으로 바라봐야 해요.” 그녀가 말했습니다. “12살이라면 무리한 요구일 수 있지만, 하지만 그들의 생존이 위태로웠습니다.

내 동생의 생사가 걸린 문제였기에 네 욕구는 뒷순위였어."[1]

자녀를 갖는 것은 개인의 선택입니다. 옳고 그름이 없습니다. 우리는 어떤 결정을 장려하거나 반대하기 위해 여기 있는 게 아닙니다. 대가족을 즐기는 사람들도 있고, 그들은 강력한 가족 지원을 받습니다. 여러 자녀를 가지라고 끊임없이 권유하고 설득하며 확신시키는 사람들은 이미 넘쳐납니다. 안타깝게도 자세히 살펴보면, 더 많은 자녀를 가져야 한다는 일부 사람들의 주장은 대부분 두려움과 연결되어 있습니다. 솔직히 말해, 이런 식으로 조언하는 건 그다지 긍정적이지 않습니다.

물론, 우리가 세상을 떠난 후 신경다양성 자녀의 삶의 질을 걱정하는 두려움을 이해합니다. 누가 그들을 돌보겠는가? 당연히 우리는 다른 누구보다도 '가족' 구성원을 더 신뢰할 것입니다. 그러나 같은 비유가 다른 상황에는 적용되지 않습니다. 너무 이상할 거예요. 예를 들어, 자녀가 공격적인 행동을 보여 법 집행 기관과 문제가 생긴다고 가정해 보세요. 그런 경우, 다른 자녀를 '경찰관' 역할로 삼아 형제자매를 감시하도록 하는 것을 주저하시겠습니까? 자녀가 비행 청소년으로 판정되면, 재활 시설에 보내거나 더 많은 시간을 함께 보내야 합니다. 왜냐하면 그것이 바로 자녀를 키우는 방법이기 때문입니다.

---

[1] https://www.theguardian.com/lifeandstyle/2023/jun/25/your-needs-came-second-resentment-love-and-being-the-other-child, 2023년 9월 6일 .

아들은 외동입니다. 호주 퍼스에는 비공식적인 지원 체계가 전혀 없어 형제자매를 갖지 않기로 결정했습니다. 주변에서는 자꾸만 한 명 더 낳으라고 권유하더군요. 나이 차이가 적은 형제자매가 가장 좋으며, 기회를 놓치면 후회할 거라고 말했죠. (속으로 눈살을 찌푸렸습니다.)

아들의 진단이 내려졌을 때, 우리는 오직 그에게만 집중하기로 확고한 결심을 했습니다. 자폐증이 가족 내에서 유전되는 통계 자료를 살펴보겠습니다.

발달 소아과 전문의 캐리 커프먼 박사에 따르면, 형제자매에 관한 연구 결과는 명확합니다. 한 아이가 자폐 스펙트럼 장애(ASD) 진단을 받으면, 다음 아이가 ASD를 발병할 확률은 신경학적 발달이 정상인 형제자매가 있는 아이보다 약 20% 더 높습니다. 그리고 가족 내 첫 두 아이가 ASD 진단을 받으면 그 확률은 32%까지 상승합니다.

과학 문헌에 따르면 자폐증 아동의 50~70%가 ADHD를 동반합니다. 두 질환은 종종 함께 나타납니다. 그러나 ADHD를 가진 부모가 자폐증 자녀를 가질 확률이 높아질 수 있다는 증거도 점점 더 늘어나고 있습니다. 2014년 연구인 *'자폐 스펙트럼 장애와 주의력결핍/과잉행동장애의 공유된 가족적 유전'*에 따르면, ADHD 진단을 받은 어머니의 첫째 아이가 자폐증을 가질 확률은 2.5배 더 높았습니다.

커프만 박사는 "ADHD와 ASD는 모두 신경다양성의 형태입니다. 두 질환을 연결하는 유전자 및 염색체 영역에 유전적 연관성이 존재합니다"라고 설명합니다.

커프만 박사의 임상 경험에 따르면, 가족 중 자폐증 환자가 있는 경우를 제외하면 ADHD가 가장 흔한 가족적 연관성으로 나타납니다.

2019년 연구 *'정신 및 신경계 질환의 가족력과 자폐증 위험*에 따르면, 정신 및 신경계 질환의 가족력이 있는 경우 자녀가 ASD를 발병할 가능성이 높아질 수 있습니다.

2016년 또 다른 연구인 *'자폐 스펙트럼 장애 환자의 형제자매에서 정신 및 신경발달 장애 위험*에 따르면, 자폐 아동의 형제자매는 불안, 정신분열증, 양극성 장애, 투렛 증후군 같은 틱 장애 등 정신적 또는 신경발달 장애를 경험할 가능성이 더 높았습니다. 이는 이러한 질환들이 연관될 수 있음을 시사합니다.

한 가지 확실한 것은 자녀 중 한 명이 자폐 스펙트럼 장애(ASD) 진단을 받았다면, 다른 자녀들을 주의 깊게 관찰하고 우려 사항이 있을 경우 반드시 평가를 받아야 한다는 점입니다.

결론적으로 연구에 따르면 자폐증은 실제로 가족 내에서 유전될 수 있습니다. 이미 한 자녀가 ASD를 가진 경우, 다음 자녀가 자폐증을 발병할 확률은 5분의 1입니다. ASD를 가진 자녀가 두 명 이상인 경우, 또 다른 자녀가 ASD를 가질 확률은 더욱 높아집니다. ADHD와 같은 특정 질환 역시 어느 정도 예측 가치를 가지는 것으로 보입니다.

그러나 자폐증의 유전적 요인은 매우 복잡하다는 점을 반드시 알아야 합니다. 자녀가 이 장애를 갖게 된 것을 막기 위해 부모가 할 수 있었던 일이나 하지 않았던 일은 없습니다. 간단히 말해, 누구에게도 책임을 물을 수 없습니다.[2]

반면, 신경발달이 정상인 자녀를 둔 경우에도, 광범위한 새로운 분석에 따르면(*Clin. Child Fam. Psychol. Rev.* Epub ahead of print, 2018), 자폐증 아동의 형제자매는 불안, 우울증 및 사회적 어려움으로 고생하는 경향이 있습니다.

자폐 아동의 형제자매는 비자폐 아동의 형제자매보다 내성적이고 사회적 기술이 부족한 경향이 더 높습니다. 신경다양성 아동을 돕는 동안, 부모가 신경전형 아동의 기본적인 정서적 요구를 충족시켜 주지 않는다면 그 아이도 자신의 정신 건강 장애를 발달시킬 수 있다는 점을 고려하는 것이 중요합니다.(3)

다시 말해, 자녀를 여러 명 가질지 여부는 개인의 선택입니다. 그러나 이는 결코 "좋아! 내 신경전형적 자녀가 신경다양성 형제를 돌볼 수 있으니 그걸로 끝"이라는 식의 생활 방식이 아닙니다. 다른 자녀들은 신경다양성 자녀를 지원하기 위해 태어난 것이 아닙니다.

---

[2] https://health.clevelandclinic.org/are-siblings-at-greater-risk-of-autism/#:~:text=When%20it%20comes%20to%20siblings,chances%20go%20up%20to%2032%25, 2023년 9월 13일.

[3] https://www.spectrumnews.org/news/siblings-children-autism-social-, 2023년 9월 6일.

아이를 이런 식으로 대하지 마십시오. 그들은 모두 각자의 삶을 살아가는 독립적인 인간입니다.

언제든지 자녀를 형제자매 치료에 보낼 수 있다면 큰 도움이 될 것입니다. 신경전형적인 자녀가 신경다양성 형제자매를 대변하고 신경다양성 공동체에 의미 있게 기여하도록 영감을 받을 수 있다면, 그것 또한 엄청난 자산이 될 것입니다. 실제 경험은 돈으로 대체할 수 없는 것입니다.

공감은 책으로 가르칠 수 없습니다. 우리 스스로 배워야 합니다. 신경다양성 자녀를 돌보기 위해 신경전형적인 자녀만을 간절히 원하신다면, 이 연구 자료가 새로운 시각을 제공하기를 바랍니다. 저는 선천적 장애 검사를 전혀 하지 않고 출산한 사람들을 알고 있습니다. 그들은 어떤 아이든 받아들이기로 했기 때문이죠. 이는 아이를 원하는 진정한 지표입니다.

몇 년 전, 한 엄마가 자신의 임신 과정을 털어놓은 이야기를 들었습니다. 그녀를 샐리라고 부르겠습니다. 샐리와 남편이 아이를 계획할 때는 순조롭고 쉬웠습니다. 임신하자마자 바로 알렸고, 가족과 친구들은 그녀를 위해 정말 기뻐했습니다. 심지어 베이비문도 계획하기로 했죠. 하지만 휴가를 떠나기 전, 샐리는 유산을 겪었습니다. 집에서 남편과 함께 있을 때 알게 되었고, 둘은 완전히 무너져 내렸습니다.

슬픔에 잠겨 있던 샐리가 갑자기 남편에게 말했습니다. "있잖아? 우리 이건 우리끼리만 알고 있자. 휴가는 그대로 가고, 거기서 또 다른 휴가를 만들자.

난 분명 건강해. 첫 임신 때처럼 금방 다시 임신할 거야. 사람들은 모를 테고, 알 필요도 없으니까 우리를 불쌍히 여기지도 않을 거야."

남편은 깜짝 놀랐고 (다행히도) 그녀에게 자신이 무슨 말을 하는지 잘 들어보라고 했습니다. 그는 샐리의 감정을 배려하며 이 상황을 부드럽게 접근했습니다. 산부인과 의사에게 자신의 감정 상태를 털어놓고 이번 유산의 원인이 무엇인지 알아봐야 한다고 조언했습니다.

그는 샐리가 신체적 트라우마(매우 중요함)에서 회복하고 슬픔도 치유할 수 있도록 했습니다. 그때쯤이면 다시 임신에 대해 이야기하자고 약속했습니다. 샐리를 설득하는 건 쉽지 않았지만, 아이를 갖는 건 두 사람이 함께해야 하는 일이니 다행이었습니다. 결국 샐리는 남편의 조언을 따를 수 있었습니다.

그 이야기를 듣는 순간 깨달음이 번뜩였습니다. 샐리의 "모든 걸 제대로 해야 해"라는 충동적인 감정과 "사람들이 우리를 불쌍히 여기길 원치 않아"라는 마음이 매우 강렬하고 영향력 있다는 걸 느낄 수 있었죠. 우리는 *"계획 A가 안 되면 안 되니까 가능한 한 빨리 플랜 B를 실행에 옮겨야 한다"는 마음가짐을* 갖고 *싶어 합니다.* 이는 마치 첫 아이가 신경다양성을 보인다면 *"너무 슬프다, 사람들이 나를 불쌍히 여기지 않도록 가능한 한 빨리 또 다른 아이를 가져야 해. 적어도 신경전형적인 아이 하나는 보여줄 수 있으니 행복할 거야. 내가 항상 원했던 완벽한 가족을 만들고 싶어"라는* 생각과 매우 유사합니다.

행복은 이런 식으로 정의되지 않습니다. 우리 아이들의 진단을 받았을 때 샐리의 남편이 그랬듯, 우리는 정신적·육체적으로 어떻게 대처하고 있는지 먼저 살펴봐야 합니다. 완전한 수용은 중요한 지표입니다. 현재 상황을 받아들이고 왜 이런 일이 자신에게 일어났는지 원망하는 마음을 멈춘 후에야 가족에 더 많은 기쁨을 가져다줄 아이를 가질 수 있습니다.

본래 행복한 사람이라면 지금 가진 모든 것에, 가는 곳마다 감사함을 느낄 것입니다. 특히 자녀에 관해 남에게 보여줄 무언가가 필요하지 않습니다. 불행하다면, 자녀가 하버드 학생이라 해도 모든 것이 부족하게 느껴질 것입니다.

첫 아이가 신경다양성을 지닌 경우, 여러 아이를 갖기 전에 스스로에게 물어볼 몇 가지 질문이 있습니다. 아들이 어린 시절, 저는 여러 진단을 받은 아이를 여러 명 둔 가족들에게 연락해 그들이 재정적, 정신적, 신체적으로 어떻게 대처하고 있는지 물었습니다.

다음은 제가 스스로 점검해 본 질문들입니다:

- 현재 배우자와 저는 조화로운 가족으로 살고 있나요? 아니면 또 다른 아이를 낳으면 관계가 나아질 거라고 생각하고 있나요?
- 무언가를 증명하기 위해 **신경발달이 정상인** 아이를 갖고 싶은 강한 욕구가 있는가?
  아이를 갖고 싶은 강한 욕구가 단순히 무언가를 증명하기 위한 것인가?
- 아이의 조부모가 무료로 (또는 매우 저렴한 비용으로) 아이를 돌봐줄 것이라고 크게 기대하고 있나요?

- 다른 아이들도 신경다양성을 보인다면 (정신적, 재정적, 신체적으로) 감당할 수 있나요?
- 신경다양성 자녀를 위한 지역 어린이집/학교를 찾을 수 있을까?
- 지역 사회/가족/친구들로부터 인정받기 위해 항상 아이의 진단을 숨기고 있나요?

또 다른 아이를 갖지 않은 것을 결코 후회하지 않습니다. 아들의 필요를 충분히 채워줄 수 있으니까요. 어려움에도 불구하고, 언제나 그의 행복한 엄마가 될 수 있다는 사실에 만족합니다. 없는 것에 대해 불평하기보다 가진 것에 집중합니다. 나와 아들에게는 다른 사람들이 가지지 못한 아름다운 점이 분명히 있다고 확신합니다.

지금은 아들이 스스로를 돌볼 수 있는 능력을 키우거나, 그의 필요를 지원해줄 팀(옛날에는 마을이라고 불렀죠)을 만드는 데 집중하고 싶습니다. 아들이 혼자라는 생각에 끊임없이 안타까워하거나 슬퍼하며 걱정하고 싶지 않습니다.

형제자매가 사이가 좋지 않은 가정도 있는데, 그 또한 가슴 아픈 일입니다. 또한 추가적인 도움이 필요한 아이를 입양하는 가정도 있는데, 그 아이들을 돌볼 수 있기 때문이라는 것도 알고 있습니다.

이 세상에는 항상 특별한 도움이 필요한 사람들과 함께 하려는 이들이 존재할 거라 굳게 믿습니다. 우리 모두 언젠가는 특별한 도움이 필요한 사람이 될 수 있다는 점을 기억하세요. 어떤 것도 당연하게 여기지 마십시오. 누구를 부러워할 필요도 없습니다.

독립성은 삶에 의미를 부여합니다. 선택할 수 있을 때 우리는 힘을 느낍니다. 반면 평생 타인의 돌봄에 의존해야 한다면, 신경다양성을 가진 아이가 행복해하지 않을 것입니다.

7

비공식 멘토 활용하기

비공식 멘토 없이 신경다양성 자녀 양육 여정을 헤쳐나가는 것은 매우 어렵습니다. 대부분의 자원은 일반적인 서비스 중심이며, 보통 보호자들은 이런 서비스부터 먼저 찾아가서 효과가 없다는 걸 깨닫기 전까지 계속 시도합니다.

예를 들어, 자녀를 수영 수업에 등록할 때 자녀의 대근육 운동 능력이 부족하거나 주의력 결핍이 있다는 사실을 모른다면, 다른 아이들처럼 다음 단계로 진급하지 못할 때 매우 실망하게 될 것입니다. 돈을 낭비하는 기분이 들 것입니다. 그러나 처음부터 신경다양성에 경험이 풍부한 교사가 있는 수영 수업을 찾을 수 있다면, 자녀는 더 나은 학습 경험을 할 수 있을 것입니다.

반면 대다수의 사람들은 새로운 사람을 만나는 순간 신경다양성을 지닌 가족 구성원이나 그들의 실제 경험에 대해 자세히 이야기하지 않습니다. 일부 가족들은 낙인이나 차별에 대한 두려움으로 신경다양성을 지닌 가족 구성원을 숨기기로 선택할 수 있습니다. 이는 사랑하는 사람들을 잠재적인 부정적 반응으로부터 보호하거나 타인의 판단을 피하기 위한 행동일 수 있습니다. 그러나 이러한 관행은 부정적인 결과를

가족 구성원을 숨기기로 선택할 수도 있습니다. 이는 잠재적인 부정적인 반응으로부터 사랑하는 사람을 보호하거나 타인의 판단을 피하기 위함일 수 있습니다. 그러나 이러한 관행은 부정적인 결과를 초래할 수 있습니다. 사람들이 자신의 경험을 숨길수록 신경다양성을 둘러싼 낙인과 잘못된 정보가 지속되는 데 기여하게 됩니다.

다행히도 소셜 미디어에서 신경다양성 자녀를 둔 부모들이 팔로우할 수 있는 강력한 옹호자들이 점점 늘어나고 있습니다. 제가 특히 추천하는 몇몇은 다음과 같습니다:

수 라키(Sue Larkey) – 주류 학교와 특수 학교에서 자폐 스펙트럼 장애(ASD) 학생들을 가르친 고도로 자격을 갖춘 교육자입니다. 그녀는 실무 경험과 광범위한 연구를 결합하여 특수교육 석사 학위를 취득했으며, 현재 교육학 박사 과정을 수료 중입니다.

앤드류 화이트하우스(Andrew Whitehouse) – 텔레톤 키즈 연구소(Telethon Kids Institute)의 앤젤라 라이트 베넷 자폐증 연구 석좌교수이자 웨스턴오스트레일리아 대학교(The University of Western Australia) 자폐증 연구 교수입니다. 또한 클리니키즈(CliniKids) 소장, 자폐증과 함께하는 삶을 위한 공동연구센터(Cooperative Research Centre for Living with Autism) 연구 전략 이사, 커틴 대학교(Curtin University) 및 에디스 코완 대학교(Edith Cowan University) 겸임 교수를 맡고 있습니다. 앤드류는 현재 오스트레일리아 자폐증 연구 학회(Australasian Society for Autism Research) 회장을 역임하고 있습니다.

최고의 멘토는 **항상** 신경다양성을 긍정합니다. 그들은 기적 같은 해결책을 강요하지 않습니다.

신경다양성을 긍정하는 실천이란 발달적 차이에 대해 강점과 권리 기반 접근법을 믿고, 아이의 신경다양성 정체성을 인정하는 지원과 조정을 제공하려는 것을 의미합니다. 이는 아이를 고치거나 신경유형을 치료해야 한다고 생각하는 것과는 다릅니다. 예를 들어, 신경다양성을 긍정하는 전문가는 놀이가 아이에게 의미가 있다면 자신에게 의미가 없어도 괜찮다는 점을 인정합니다.[1]

제가 비공식 멘토를 찾은 방법.

치료사 및 교육자와의 개인적 교류.

저는 아들의 과거 및 현재 치료사들과 교육자들로부터 가장 많은 것을 배웠습니다. 그들 중에는 훌륭한 분들도 있었고, 전문성이 부족한 분들도 있었습니다. 훌륭한 이들은 가장 큰 응원자입니다. 해당 분야의 전문가로서 다양한 신경다양성을 가진 사람들을 만나왔습니다. 그들은 두 가지 핵심 요소, 즉 전문적 지식과 치료적 동반자 관계를 조화롭게 결합합니다. 신경다양성을 긍정하는 태도를 지녔기에 대부분의 신경다양성 특성에 동요하지 않습니다. 아이를 더 '정상적으로' 행동하도록 훈련시키는 대신 대처 능력에 집중합니다.

---

[1] https://www.teachearlyyears.com/a-unique-child/view/neurodiversity-affirming-practice-in-early-years#:~:text=Neuro%20affirming%20practice%20means%20that,cure%20them%20of%20their%20neurotype, 2023년 10월 23일 .

신경다양성을 가진 자녀를 둔 치료사 및 교육자 분들도 몇 분 만나봤습니다. 그들이 자신의 개인적인 이야기를 저에게 털어놓기까지 시간이 꽤 걸렸을 거라 생각하며, 결국 그렇게 해주셔서 정말 기쁩니다. 그들의 훌륭한 조언 덕분에 분명히 많은 불필요한 길을 피할 수 있었습니다.

그들 역시 자신들의 행동 규범이 있기 때문에 까다로울 수 있지만, 우리가 진정으로 아이를 지원하기 위해 배우려는 모습을 보인다면 그들과 그런 수준의 신뢰와 개방성을 이룰 수 있을 것입니다. 제 접근법은 항상 목적을 가지고 질문하는 것입니다. 예를 들어, 제 아들이 어떤 증상을 겪고 있다는 말을 들으면, 그것이 의학적 원인인지 행동적 원인인지 물어볼 것입니다.

대개 전문적인 답변과 개인적인 답변을 동시에 듣게 됩니다. 제 아들이 신경다양성을 지녔음을 솔직히 인정하고 신경다양성을 긍정하는 태도를 보임으로써, 그들은 제 아들에 관한 어떤 문제든 저와 진솔하게 논의하기가 더 수월해집니다.

무언가를 배운 후에는 우리 차례로 다른 이들이 어려움을 헤쳐나가도록 돕는 것입니다. 이 접근법은 저에게도 적용됩니다. 저는 개인적인 이야기를 공유하기까지 시간이 걸립니다. 즉, 상대방이 배우고 지원하려는 의지를 보일 때까지 개방성의 수준을 높여나갑니다. 신경다양성 부모에게 원치 않는 조언을 하는 것은 가장 피해야 할 일입니다.

우리 아이들은 대부분의 시간을 학교에서 보냅니다. 부모에게는 보이지 않는 사각지대입니다. 우리가 그들과 함께 있지 않기 때문입니다.

따라서 교실 교직원과의 유대는 특히 중요하며, 학교와의 긍정적인 관계를 유지하는 것이 더 나은 판단을 내리는 데 도움이 됩니다.

예를 들어, 학교 행사에 항상 참석해 교사가 학생들과 어떻게 상호작용하는지 관찰하고 배운다면, 불만 사항이 제기될 때 현장에서 직접 목격한 경험을 바탕으로 상황을 더 정확히 판단할 수 있습니다.

물론 많은 시간과 노력이 필요하며, 풀타임으로 일해야 하는 부모님들에게는 매우 어려울 수 있습니다. 저는 일주일에 한 번(예: 매주 금요일) 등하교 시간에 맞춰 학교에 들르시길 권합니다. 교직원과 마주하는 그 소중한 5~10분 동안 "안녕하세요"라고 인사하며 관계를 쌓거나 긍정적인 유대감을 형성할 수 있기 때문입니다. 이러한 작은 교류는 쌓여 장기적으로 큰 영향을 미칩니다. 어떤 경험도 헛되지 않으며, 배울 점이 없는 경험은 없습니다.

비전문적인 치료사나 교육자들은 우리에게 인생의 교훈을 가르쳐 줍니다. 모두가 새로운 진단에 대해 배우고 싶어 하거나 더 까다로운 특성을 돕는 데 관심이 있는 것은 아닙니다. 다시 한번 말하지만, 우리는 인정받기 위해 애원할 필요가 없습니다. 그들이 무관심을 보이거나 변명을 한다면 그들의 말을 믿으세요. 어떤 업계에서든, 치료사가 계속 배우고 싶어 하지 않고 항상 자신의 안락한 영역에 머문다면, 그들은 금방 쓸모없어질 것입니다.

서포트 직원과 베이비시터(또는 보모).

가정은 우리 아이들에게 안전한 장소입니다. 또한 아이들이 가장 진실된 모습을 드러내는 곳이기도 합니다. 어떤 아이들은 집과 학교에서 매우 다르게 보일 수 있습니다. 이는 부모에게 혼란스러울 수 있습니다. '마스킹(masking)'은 신경다양성 커뮤니티에서 자주 사용하는 용어입니다.

정신 건강 및 신경다양성 맥락에서 '마스킹'은 개인이 진정한 생각, 감정 또는 어려움을 숨기기 위해 사용하는 행동이나 대처 전략을 의미합니다.[2]

예를 들어, 아동은 집에서 '최악의 모습'을 보여도 안전하다고 느낀다. 부모가 여전히 사랑하고 지지해줄 것이라는 확신이 있기 때문입니다. 아동 정신 건강 연구소(Child Mind Institute)의 강박 장애 서비스 책임자이자 임상 심리학자인 제리 버브릭 박사는 이렇게 설명합니다.

버브릭 박사는 "아이들이 집에 돌아오면 마치 신발을 벗고 안도감을 느끼는 것과 같다"고 설명합니다. "'좋아, 이제 내 모습 그대로 있어도 돼'라는 식으로." 학교에서 증상을 잘 억누르던 아이들은 집에서, 즉 자신을 평가하는 사람이 없다고 느끼는 공간에서 "증상이 폭발적으로 나타날 수 있습니다."[3]

이런 경우 부모는 추가적인 도움이 필요할 것입니다

---

[2] https://www.charliehealth.com/post/what-is-masking#:~:text=In%20the%20context%20of%20mental,Families%20%26%20Caregivers%20Providers, accessed 7 February 2024.

[3] https://childmind.org/article/kids-different-home-school/, 2023년 10월 9일. 2023년 10월 9일.

가정 규칙을 지키도록 돕기 위해 베이비시터나 서포트 직원이 적합할 것입니다. 제 경험을 통해 이 분야의 젊은 세대(Z세대)가 저보다 제 아들과 나이가 더 가깝다는 것을 깨달았습니다. 따라서 그들은 제가 놓칠 수 있는 신호를 '포착'할 수 있습니다. 사실 젊은 세대는 더 많은 정보를 가지고 있으며 신경다양성을 더 쉽게 받아들입니다.

한 번은 지역 TAFE(기술 및 고등교육)의 유아교육 프로그램 학생이 운영하는 놀이 그룹에 아들을 데려갔습니다. 한 학생이 제 아들과 아주 잘 어울리는 모습을 보았습니다. 그래서 그녀와 이야기를 나누었는데, 그녀는 자신이 자폐 스펙트럼 장애가 있으며 신경다양성을 가진 사람들과 소통하는 방법을 알고 있다고 말했습니다.

저는 그녀에게 학교 생활이 어땠는지 물었고, 그녀는 자신의 어려움을 솔직하게 털어놓았다. 당시 신경다양성을 가진 어린 자녀를 둔 부모로서 저에게 큰 도움이 되었습니다. 놀이그룹을 떠나기 전, 저는 담당 교사에게 다가가 그 학생을 칭찬했습니다.

우리가 나이를 먹을수록, 미래에는 Z세대가 우리의 신경다양성 아이들을 지원할 것임을 기억하는 것이 중요합니다. 따라서 그 연결을 유지하는 것이 필수적입니다.

신경다양성 전문 조직 심리학자 낸시 도일(Nancy Doyle)은 2021년 6월 17일자 *포브스* 기사에서 이렇게 말했습니다:

많은 Z세대에게 윤리, 형평성, 다양성, 포용성은 그들의 동기이자 소명입니다. 경직된 정의에 집착하고 교차적 다양성을 수용하지 않은 채

교차적 다양성을 포용하지 않고 착취 가능한 기술만을 추출하는 정치적 행위를 하는 직장들은 나쁜 평판을 얻고 인재를 잃게 될 것입니다.

이 세대는 *유튜브와 함께* 성장했으며, 화려한 기업적 형식적 제스처와 진정성 있는 윤리적 실천의 차이를 알고 있습니다. 그들은 출처를 확인하고 상충되는 조언을 탐구해야 한다는 것을 알고 있으며, 타고난 비판적 사고자로서 20걸음 떨어진 곳에서도 불일치를 포착할 수 있습니다.

신경다양성 세대인 Z세대 커뮤니티는 목소리를 가진 옹호 운동의 일원으로 성장하고 있습니다. 자폐증, 난독증, ADHD, 운동실조증, 투렛 증후군을 가진다는 내면화된 정체성은 X세대와는 매우 다릅니다. 그들은 포용성, 접근성, 기술 지원에 대한 기대가 크게 달라질 것이며, 그 결과 기여에 있어 더 자유로워질 것입니다. 그들은 우리의 직장을 변화시킬 것이며, 인류 역사상 그 어느 때보다 그들의 지혜가 절실히 필요한 시점입니다.[4]

결론적으로 비공식 멘토는 반드시 연상일 필요는 없습니다. 우리는 젊은 세대에게서도 많은 것을 배울 수 있으며 실제로 배우고 있습니다.

---

[4] https://www.forbes.com/sites/drnancydoyle/2021/06/17/get-ready-for-gen-z-in-neurodiversity-collaborative-authentic-intersectional-and-ethical-or-else/?sh=683f60561c3b, 2023년 10월 12일 .

동료 집단.

우리 아이들의 삶 밖에는 우리 자신의 또래 집단이 있습니다. 아이의 발달 단계보다 3~5년 정도 일찍 또래 집단과 연결하는 것은 훌륭한 실천 방법입니다. 예를 들어, 아이를 초등학교에 입학시키려 할 때, 아이가 유치원 연령일 때쯤 이미 초등학교를 찾고 있거나 해당 초등학교에 다니고 있는 또래들과 연결하기 시작하는 것이 좋습니다.

소셜 그룹 채팅을 만드는 것은 괜찮지만, 직접적인 정보도 반드시 확보해야 합니다. 자녀를 해당 학교에 보내기로 결정하기 전에 교장 선생님과 상담하거나, 학교 견학을 가거나, 학교 공개 이사회 회의나 학부모회(P&C) 정기 총회에 참석하는 것이 좋습니다.

전업 육아인으로서 우리 주변의 교류 범위가 매우 좁을 수 있다는 점을 잘 알고 있습니다. 직장 동료도 없고 육아라는 깊은 골짜기에 빠져 있습니다. 종종 소셜 미디어에 생각을 표현하고 싶어지기도 합니다.

매우 구체적인 질문이 있을 때만 소셜 미디어 페이지나 포럼이 유용합니다. 예를 들어, 해바라기 목걸이*(*해바라기는 비가시적 장애를 상징하는 전 세계적으로 인정받는 표식으로, 자발적으로 공유할 수 있습니다. 해바라기를 착용함으로써 주변에 추가적인 도움, 이해, 또는 시간이 필요할 수 있음을 알리는 것입니다.*)를 신청하고 싶다면 어디서 구할 수 있을까요? 까다로운 식습관에 대한 조언을 구하는 것보다 구체적인 답변을 얻을 가능성이 더 높습니다. 까다로운 식습관은 매우 광범위한 주제이기 때문입니다.

운이 좋지 않다면 유용한 정보를 얻지 못할 가능성이 높습니다. 몇몇 치료사 추천을 받을 수도 있겠죠.[5]

일반적인 조언을 얻기 위해 소셜 플랫폼을 이용하지 말아야 하는 이유는 접근 장벽이 매우 낮고 사이버 폭력이 점점 더 흔해지고 있기 때문입니다. 같은 이유로 구글 검색도 지나치게 권하지 않습니다.

일부 동료들은 지원 네트워크를 만들기 위해 그룹 페이지를 만들었습니다. 그들의 의도는 좋고, 저도 그 점을 높이 평가합니다. 하지만 관리자 역할이 모두 자원봉사로 이루어지기 때문에 콘텐츠에 대한 게이트키핑을 상시 유지하기가 매우 어렵습니다.

안타깝게도 누군가가 트리거링 콘텐츠를 게시하자 괴롭힘으로 번진 사례도 있습니다. 인터넷은 잠들지 않으며, 사람들이 온라인에서 메시지를 공유하고 확산하는 것을 막을 수 없습니다. 가장 취약한 사람들이 자신의 우려를 표현할 안전한 공간을 원하기 때문에 많은 사용자들이 고통받고 있습니다.

호주 사이버 괴롭힘 현황 통계는 다음과 같습니다:

- 호주인의 3명 중 1명 이상이 온라인 괴롭힘을 경험했습니다.
- 호주 여성의 30%가 온라인에서 괴롭힘을 당한 적이 있습니다.

---

[5] https://hdsunflower.com/au/, 2023년 10월 9일 .

- LGBTQ+ 아동은 다른 아동에 비해 온라인에서 괴롭힘을 당할 가능성이 세 배 더 높습니다.
- 신체적 또는 정신적 장애를 가진 학생들은 장애가 없는 학생들보다 사이버 괴롭힘을 더 많이 경험합니다. (학생의 10%가 어떤 형태의 장애를 가지고 있습니다.)[6]

현실 생활에서 건강한 동료 집단이 있다면 우리 자신과 아이들을 위한 안전한 공간을 만들 수 있습니다. 마을을 형성하는 데는 수년이 걸리며, 더 이상 무료가 아닙니다. 이제 치료사, 보모, 청소부 등에 대한 비용을 지불해야 합니다. 다시 한번 강조하지만, 우리는 선의와 나눔의 문화를 구축하기 위해 일찍 시작해야 합니다.

[6] https://studyonline.ecu.edu.au/blog/cyberbullying-australia-statistics-, 2023년 10월 9일 확인.

8

당신의 커뮤니티 (공동체) 찾기

가족과 친구들은 세상에서 가장 가까운 존재일 수 있습니다. 하지만 신경다양성 측면에서는 그들이 우리와 가장 동떨어진 사람들이 될 수 있습니다. 그들이 우리와 같은 경험을 하지 않았기 때문이죠. 바로 이때 우리는 신경다양성 커뮤니티(공동체)를 찾아야 합니다.

아이를 낳은 후 여성의 삶 역학이 이렇게 많이 변한다는 게 참 재미있네요. 저는 대학 교육을 받았지만, 호주 퍼스에서 비공식적인 지원이 전혀 없었기 때문에 아들이 태어난 후 전업주부가 되기로 결정했습니다.

하지만 가장 상징적이면서도 아이러니한 세 가지 발언은 항상 신경 쓰였습니다:

1. 전업주부는 학위를 낭비하는 거야. 교육에 그렇게 투자해놓고 자격을 허비하고 있다고.

2. 만약 풀타임으로 일하기로 결정하면, "불쌍한 아기가 그렇게 어린 나이에 풀타임 어린이집에 가야 한다니. 정말 가슴 아프네요!"

3. 파트타임으로 일하고 싶다면, "학위까지 있는데 자격이 부족한 사람들 일자리를 뺏는 거잖아. 부끄러운 줄 알아! 그 일자리가 너보다 더 필요한 사람들도 있다고."

보시다시피, 저는 결코 모든 사람을 만족시킬 수 없습니다.

사람들, 특히 가장 가까운 사람들은 당신의 행복에 깊은 영향을 미칩니다. 우리는 모두 불완전한 사람들과 함께 살고 사랑하며 삶의 기복을 경험하지만, 궁극적으로 우리의 관계는 좌절이 아닌 기쁨의 원천이 되어야 합니다.

독성 관계란 무엇인가?

텍사스 공과대학교에서 두 개의 박사 학위를 취득한 정신 건강 전문가 존 델로니 박사에 따르면, 독성 관계란 건강하지 못한 역학 관계를 지니고 있으며, 지지받지 못하거나 조종당하거나 존중받지 못해 고통이나 해를 입히는 관계를 말합니다. 우리 모두 이기적인 순간이나 시기를 겪지만, 독성 있는 사람은 받아내기만 하고 아무것도 돌려주지 않습니다. 자신의 감정, 필요, 기쁨을 희생하면서 누군가를 섬기고 있다는 사실을 깨닫게 됩니다.

참고로 대부분의 사람들은 연애 관계에서 독성 관계를 이야기합니다. 하지만 현실은 동료, 시댁 식구, 부모, 형제자매, 친구와의 관계 등 어떤 관계든 독성 관계로 변할 수 있다는 점입니다.

지구상의 모든 인간은 풍요롭고 보람 있으며 안전한 관계를 누릴 자격이 있습니다. 그리고 지구상의 모든 인간은 그러한 관계를 함께 만들어갈 책임이 있습니다.[1]

그러나 문제는 바로 **'죄책감'입니다.**

베스트셀러 『*매혹: 사람들과 성공하는 과학*』(*2017*)의 저자 바네사 반 에드워즈에 따르면, 친구와 죄책감은 세 가지 범주로 나뉩니다:

역사적 친구: 오래전부터 알고 지낸 사람입니다. 초등학교 동창이거나 어릴 적 이웃이었을 수 있습니다. 이제 관계를 끝내려 하면 죄책감을 느낍니다.

근접성 친구: 이 사람은 당신의 삶 속 다른 누군가와 묶여 따라다니는 존재입니다. 배우자의 절친, 항상 따라다니는 친구의 동생, 혹은 절친의 소꿉친구일 수 있죠. 당신이 소중한 사람을 난처한 상황에 빠뜨리고 싶지 않아 죄책감을 느낍니다.

상황적 친구: 삶의 특정 영역에서 항상 마주치는 사람입니다. 매일 함께 일하는 동료, 플래그 풋볼 팀 동료, 복도 건너편에 사는 이웃 등이 해당됩니다. 자주 마주치기 때문에 그들을 무시하는 게 죄책감이 듭니다.

---

[1] https://www.ramseysolutions.com/relationships/toxic-relationship-.

때로는 이런 관계가 가볍게 시작되기도 하지만, 다른 경우에는 악화될 수 있습니다. 질투심이 많거나 다른 가치관을 가진 사람을 계속 곁에 두게 되면, 그때부터 그들은 유해한 존재가 됩니다.[2]

그들과의 관계를 끊을 수 없다면, 그들을 대할 때 자신의 감정을 관리해야 합니다.

독성 있는 사람을 대할 때 제가 배운 몇 가지 사항입니다:

- 누구에게 무엇을 공유할지 신중히 선택하세요. 상처를 소독제에게 보여주면 치유에 도움이 되지만, 세균에게 보여주면 감염만 초래합니다.
- 모든 사람이 나를 자랑스러워할 필요는 없다. 이 사람이 아니더라도 다른 누군가는 그럴 것입니다.
- 모든 여정이 조금씩 다를 수 있지만, 말과 행동이 일치하는 실제 경험을 가진 사람들로부터 배우도록 끊임없이 스스로를 상기하세요.

포용적인 공동체를 찾은 나의 이야기.

아들이 처음 학교에 다닐 때, 저도 아들과 마찬가지로 긴장했습니다. 전형적인 학교 엄마 모임은 내성적인 저에게 매력적이지 않았습니다. 하지만 아들의 반 친구들 보호자들은 친절했습니다.

어느 엄마가 엄마들만의 밤 외출을 기획하기로 했습니다. 저는 기대와 불안이 교차했습니다. 저는 문화적으로 다양성을 가지고 있습니다.

---

[2] https://www.scienceofpeople.com/toxic-people/, 2023년 10월 26일 .

그들과는 문화적으로 달랐습니다. 만약 그들이 제 말투나 행동을 싫어하면 어쩌지? 하지만 그래도 가기로 마음먹었습니다. 결과적으로 우리는 정말 즐거운 시간을 보냈습니다! 공통점이 많았고, 그들이 저에게 빨리 마음을 열어서 놀랐습니다.

아들이 다음 해에 다음 학년으로 올라가자, 저는 다른 엄마들을 만났습니다. 불안한 기분이 다시 밀려왔고, 안락함은 사라졌습니다.

저는 스스로에게 다짐했습니다. 먼저 인사하며 외향적인 모습을 보이고, 내성적인(나 같은) 엄마에게 먼저 말을 걸어 초대하는 그런 엄마가 되겠다고.

그래서 아들의 담임 선생님께 금요일 등교 후 근처 카페에서 아침 식사를 함께하자고 초대하는 쪽지를 모든 학생의 보호자에게 전달해도 될지 여쭈어 보았습니다. 선생님은 적극 지지해 주셨고 기꺼이 도와주셨습니다. 이름, 연락처, 날짜, 시간, 장소를 적은 작은 종이 6장을 인쇄했습니다. (모두에게 가능한 시간을 묻기보다 내가 '행사'를 정해야 한다는 직감이 들었습니다.) 초대장을 선생님께 건네고 답장을 애타게 기다렸습니다.

아무도 답장하지 않아도 괜찮다고 스스로 다독였습니다. 아마도 일해야 하거나, 여러 아이를 다른 학교에 보내느라 바쁘거나, 카페가 가는 길에 있지 않거나 하는 사정이 있을 테니까요.

세 분의 엄마가 답장을 보내셨을 때 정말 기뻤습니다. 한 분은 제 마음을 고맙게 생각하지만 그날 이미 약속이 있다고 문자를 보내셨습니다. 나머지 두 분은 오겠다고 하셨습니다! 저는 황홀했습니다!

그런데 갑자기 자신감이 떨어졌습니다. 혹시 예의상 그렇게 말한 거라면? 마지막 순간에 핑계를 대며 취소할지도 모르잖아?

어쨌든 그날 카페에 갔습니다. 두 엄마가 제시간에 나타나서 정말 기뻤습니다. 음식을 주문하고 두 시간 동안 수다를 떨었습니다.

그날 이후로 저는 끊임없이 스스로에게 상기시켰습니다. 사람들은 저를 지지한다는 사실을. 사람들이 나타나지 않는다고 해서 저를 싫어하는 건 아니라고. 이런 습관은 자연스럽게 형성됩니다. 불안한 생각이 들었다가 사라지듯. 저는 항상 그 카페에서의 일을 떠올리며, 내 삶에 훌륭하고 지지해주며 사랑해주는 사람들이 함께할 자격이 있다고 스스로에게 말합니다.

다섯 가지 사랑의 언어.

우리의 사랑 언어를 인식함으로써 적절한 지원/공동체와 연결될 수 있습니다. 예를 들어, 와인을 마시며 속마음을 털어놓고 격려의 말을 듣고 싶다면 엄마 모임이 생각을 털어놓는 데 큰 도움이 될 수 있습니다. 위기 상황에 처해 긴급한 도움이 필요하다면 전문 기관이 신속하게 적절한 서비스를 연결해 줄 수 있습니다.

베스트셀러 *『5가지 사랑의 언어 개정판』(2015)*으로 잘 알려진 게리 채프먼 박사는 모든 사람이 동일한 다섯 가지 방식으로 사랑을 표현하고 느낀다는 이론을 제시합니다:

1. **봉사 행위**

   봉사 행위는 사랑하는 사람의 삶을 더 편하게 하거나 즐겁게 하기 위해 무언가를 해주는 것을 의미합니다.

집안일을 도와주거나, 침대에서 아침을 차려주거나, 상대방이 어려워하는 일을 대신 처리해줌으로써 사랑을 표현할 수 있습니다.

2. **선물 받기**

이 선물은 화려할 필요는 없습니다. 선물에 담긴 마음과 의미가 중요합니다. 특별한 날을 기억하고 의미 있는 선물을 주는 것은 많은 것을 말해줄 수 있습니다.

3. **신체적 접촉**

신체적 접촉은 포옹, 껴안기, 손 잡기, 키스 같은 신체적 접촉을 통해 사랑을 표현하는 것을 의미합니다.

4. **양질의 시간**

양질의 시간이란 상대방에게 온전히 집중하는 시간을 의미합니다. 의미 있는 대화를 나누거나, 로맨틱한 데이트를 하거나, 단순히 함께 있을 때 온전히 그 사람에게 집중하는 것이 포함됩니다.

5. **긍정적인 말**

이 사랑 언어를 가진 사람들은 사랑과 감사의 말을 중요하게 여깁니다. 칭찬을 해 주거나, 달콤한 메시지를 보내거나, 사랑의 쪽지를 남기는 것이 여기에 포함될 수 있습니다.[3]

---

[3] 채프먼, G. (2015). *사랑의 다섯 가지 언어: 오래가는 사랑의 비밀*. 노스필드 출판사.

올바른 사랑의 언어를 사용하면 우리와 타인의 마음을 채워주고, 우리의 필요를 더 잘 전달하는 데 도움이 됩니다.

감정적으로 안전한 공간 찾기.

우리가 올바른 공동체를 찾았음을 나타내는 또 다른 긍정적 신호는 정서적으로 안전한 공간을 가졌을 때입니다. 정서적으로 안전한 공간은 사람들이 자신다움을 드러내고, 감정을 표현하며, 삶의 어려움을 헤쳐 나갈 때 정서적 지지를 받을 수 있는 피난처를 제공합니다. 이러한 안전한 공간을 조성하는 것은 정신적·정서적 안녕을 증진시키고, 건강한 관계를 조성하며, 더 자비롭고 이해심 깊은 사회를 구축합니다.

그러나 자신의 취약함을 드러낼 상대를 신중히 선택하십시오. 사람들은 당신이나 자녀의 취약함을 이용해 바람직하지 않은 상황으로 몰아갈 수 있습니다. 예를 들어, 에센셜 오일 판매자 그룹보다는 항상 전문가 그룹부터 시작하십시오.

가디언 오스트레일리아의 시니어 기자 토리 셰퍼드는 2021년 4월 18일자 기사 "*허황된 희망: 자폐증에 대한 '말도 안 되는' 사기 치료법에 속아 넘어가는 절망적인 가족들*'에서 "표백제 관장, 제한적인 식이요법, 잠재적으로 유독한 알약 등이 자폐증 아동 부모들에게 판매된 위험하고 이미 허위로 밝혀진 '치료법'들"이라고 밝혔습니다.

이 표백제인 '기적의 미네랄 보충제(MMS)'는 장내 기생충이 자폐증을 유발한다는 전혀 근거 없는 주장으로 판매되었습니다. 지난해 호주 의료제품관리청은 제조사들이 이 제품을 코로나19 치료제라고 주장하기 시작하자 MMS의 광고 및 판매를 금지했습니다.

MMS는 사라졌지만 여전히 수십 가지의 무용지물 치료법이 유포되고 있습니다. 킬레이션 요법과 같은 일부는 잠재적으로 치명적인 알약, 주사 또는 좌약입니다. 엄격한 식이요법, 동종요법 또는 카이로프랙틱 치료를 포함한 다른 것들은 단순히 시간 낭비일 뿐입니다."

오티즘 어웨어니스 오스트레일리아의 니콜 로저슨 최고경영자는 "진단을 기다리는 기간이나 진단을 받은 후에도 중재 치료 대기 목록이 엄청나게 긴 그 시기에 부모들이 가장 취약해져 [자폐증 치료를 위해] 사기꾼들에게 넘어가는 것"이라고 말했습니다.

동일한 기사에서 텔레톤 키즈 연구소 자폐증 교수이자 자폐증 공동연구센터 연구전략 책임자인 앤드류 화이트하우스는 자폐증 분야가 "다른 보건·의학 분야와 동일한 기준을 반드시 기대하고 수용해야 하며, 현재 우리는 그렇게 하지 못하고 있다"고 말합니다. 그는 덧붙여 "자폐증 분야는 수년간 증거가 매우 부족하거나 전혀 없는 그림자 산업을 용인해왔습니다. 고압 산소 치료, 낙타 우유 같은 식이 요법, 글루텐 프리 식단, 특수 밀크셰이크 등이 대표적입니다. 이 모든 것은 말도 안 되는 소리다"라고 지적했습니다.

화이트하우스 교수는 비과학적 치료법이 사설 기관뿐 아니라 공공 의료 시스템에서도 제공되도록 허용하면서도 부모들이 실제로 필요로 하는 지원을 제공하지 않는 규제 체계를 탓한다 부모를 비난하는 것이 아닙니다.

누군가 우리를 이해하지 못할 때 무슨 일이 일어날까?

물론 모든 노력을 기울여도 신경다양성을 이해하지 못하는 사람들이 여전히 존재할 것이고, 괜찮습니다. 우리는 그들을 우리 삶에 필요로 하지 않으며, 그들도 우리를 그들의 삶에 필요로 하지 않습니다. 그런 사람들은 과거 경험이나 다른 가치관과 신념의 영향으로 그런 생각을 하게 되었을 수 있습니다.

자신에 대한 불안감을 느낄 때, 그 부정적인 믿음을 도전하세요! 당신과 아이를 함께 해온 의료진/교육자에게 그 부정적인 믿음을 뒷받침할 구체적인 증거가 있는지 물어보세요. 그 부정적인 믿음은 과거 입증된 경험에 기반한 것인가요, 아니면 그들의 인식에 기반한 것인가요? 확실히 알고 싶다면, 다른 의견도 구해보세요.

모든 사람에게 강점과 약점이 있다는 점을 인식하는 것이 중요합니다. 확실한 것은, 아무리 완벽해 보여도 누구도 모든 것에 능숙할 수는 없다는 점입니다.

---

[4] https://www.theguardian.com/australia-news/2021/apr/18/false-hope-desperate-families-prey-to-nonsense-snake-oil-treatments-for-autism, 2023년 11월 4일 .

저는 이 간단한 규칙을 적용하는 것을 좋아합니다. 당신의 약점이 10점 만점에 2점이라고 가정해 보세요. 아무리 노력해도 개선할 수 있는 최고 점수는 10점 만점에 4점인데, 이는 여전히 평균 이하입니다. 왜냐하면 약점은 항상 약점이기 때문입니다.

그러나 당신의 강점이 10점 만점에 8점이라면, 이를 9점으로 끌어올리는 데 집중할 수 있다면 당신의 강점은 최고 중의 최고가 될 것입니다.

누군가 당신의 약점을 끊임없이 지적한다면, 스스로를 너무 탓하지 마십시오. 그 사람은 당신의 약점을 자신의 강점으로 삼고 있을지 모르지만, 동시에 당신의 강점이 그들의 취약점일 수도 있습니다.

"취약함을 드러낼 용기는 승패에 관한 것이 아닙니다. 결과를 예측하거나 통제할 수 없을 때도 용기 있게 모습을 드러내는 것입니다."

—브레네 브라운

당신을 인정하고 지지하는 사람들과 긍정적인 관계를 쌓는 데 집중하세요(그런 사람은 반드시 있습니다). 삶의 부정적인 측면에 너무 집착하지 마십시오.

미움받을 용기를 가지세요!

키시미 이치로와 고가 후미타케의 저서 *『미움받을 용기』*[5]의 제목은 독자에게 용기를 북돋아 주는 문구입니다.

---

[5] 키시미 이치로 & 고가 후미타케 (2017). *《미움받을 용기: 자신을 해방하고 삶을 바꾸며 진정한 행복을 얻는 법》*. 앨런 앤 언윈.

자신에게 진실되라는, 즉 타인의 인정을 얻기 위해 자신이나 자녀가 아닌 다른 사람인 척하지 말라는 의미입니다. 비록 모든 사람에게 사랑받거나 인정받지 못할지라도 말입니다. 진정한 행복은 종종 내면에서 비롯되며, 신경학적 특성이 일반적인 타인으로부터 외부적 인정을 구하기보다 진실된 삶을 살아갈 때 찾아온다는 점을 상기시켜 줍니다.

미움받을 용기를 가지는 것은 비판이나 반대 의견에 맞서 회복탄력성을 발휘하는 것을 의미하기도 합니다. 모든 사람이 당신과 자녀의 필요를 이해하거나 동의하지 않을 것이며, 그것은 전혀 문제되지 않습니다. 이는 당당하게 자신다운 모습을 유지하고 자녀의 독특함을 받아들이는 것입니다. 당신과 신경다양성 자녀의 자존감은 타인의 의견에 좌우되어서는 안 됩니다.

남의 눈치를 보는 사람들.

신경다양성을 가진 아이들이 가능한 한 주변에 적응하기를 바라는 마음은 이해하지만, 부모가 아이보다 타인의 의견을 우선시하는 지경까지 가서는 안 됩니다. 아이들에게 타협하려는 마음가짐과 갈등을 피하는 법을 가르치는 것은 권장하지만, 타인을 실망시키거나 화나게 할까 봐 두려워 자신의 필요와 욕구를 소홀히 하는 것은 허용해서는 안 됩니다. 부모는 자녀의 롤모델이 되어야 합니다. 예를 들어, 지키지 못할 약속을 지나치게 하거나 지속적으로 진정성을 잃는 것은 원망을 불러일으킵니다.

최근 유고브(*YouGov*)가 미국 성인 1,000명을 대상으로 *실시한 설문조사*(2022년 6월 18~21일)에서 응답자들에게 '타인의 기쁨을 위해 행동하는 사람(people-pleaser)'인지, 그렇다면 그에 대해 어떻게 느끼는지 물었습니다.

응답자의 약 절반(49%)이 자신을 '남의 눈치 보는 사람'으로 인식했으며, 이 중 14%는 "분명히 그렇다"고 답했습니다. 여성(56%)이 남성(42%)보다 자신을 이렇게 묘사할 가능성이 더 높았습니다. 자신을 남의 눈치 보는 사람이라고 생각하는 미국인 중 76%는 타인도 분명히 또는 아마도 자신을 그렇게 묘사할 것이라고 답했습니다.[6]

뉴욕과 코네티컷에서 활동하는 임상 심리학자 제니퍼 거트만 박사에 따르면, 오늘 당장 실천할 수 있는 여섯 가지 간단한 방법으로 타인의 기대에 지나치게 부응하는 성향을 피할 수 있습니다:

1. **혼자 있는 연습하기**

   자신의 존재 자체를 사랑하는 법을 배워라. 다른 사람을 위해 모든 것을 내려놓지 않아도 사람들이 당신을 버리지 않을 거라 믿어라. 당신이 하는 일이 아니라 있는 그대로의 모습으로 사랑받을 자격이 있다는 믿음은, 당신이 그들에게 꼭 필요한 존재가 되지 않거나 필사적으로 그들을 기쁘게 할 방법을 찾지 않아도 사람들이 여전히 당신 곁에 있을 거라는 깨달음을 의미합니다.

---

[6] https://today.yougov.com/society/articles/43498-women-more-likely-men-people-pleasing-poll?redirect_from=%2Ftopics%2Fsociety%2Farticles-reports%2F2022%2F08%2F22%2Fwomen-more-likely-men-people-pleasing-poll, accessed 6 November 2023.

혼자 영화관이나 식당에 가는 연습을 해보세요.

2. 혼자서도 약속을 지키기

스스로 세운 계획은 다른 사람과 세운 계획만큼 중요합니다. 그렇지 않으면 스스로 세운 계획이 다른 사람과 세운 계획보다 가치가 낮다는 메시지를 뇌에 보내는 꼴이 됩니다. 헬스장에 가거나 시험 공부를 하는 등 스스로 세운 장기·단기 계획을 어기지 마세요.

3. 혼자서 결정을 내리기

많은 사람들이 타인의 의견을 중시하는 습관이 있습니다. 작은 결정부터 독립적으로 내리는 연습을 하고 점차 큰 결정으로 확장해 나가세요. 예를 들어, 타인의 의견을 구하지 않고 자신의 선택지를 정리해 보세요. 당신의 결정이 모든 사람을 만족시켜야 할 필요는 없으며, 오직 자신에게만 책임이 있음을 기억하세요. 다른 사람을 행복하게 하는 것은 당신의 몫이 아닙니다. 식당을 고르는 작은 결정부터 시작해 자신감과 능력이 커질수록 더 큰 결정으로 나아갈 수 있습니다.

4. "아니오"라고 말하는 연습하기

사람을 기쁘게 하려는 성향이라면, '아니오'라고 말하는 것이 잔인하거나 무심하게 보일까 봐 어려울 수 있습니다. 하지만 반드시 그런 것은 아닙니다. 단호하면서도 마음챙김을 바탕으로 한 의사소통은 더 솔직하며, 확고하면서도 존중하는 방식으로 이루어질 수 있습니다.

5. **제안하지 말기**

   특별히 요청받지 않는 한, 무언가를 제안하거나 해 주거나 조언하지 마세요. 다른 사람의 욕구나 필요를 미리 예측하는 사람이라면 어려울 수 있습니다. 자제력을 발휘하고 요청을 기다리세요.

6. **내면의 확신으로 돌아서기**

   다른 사람이 알아주길 기다리기보다 자신의 긍정적인 특성을 스스로 상기하세요. 하루를 돌아보며 스스로에게 긍정적인 피드백을 주거나, 자신을 위해 좋은 일을 해보세요. 예를 들어, 자신에게 맛있는 식사를 해줄 수 있습니다.[7]

신경다양성 육아는 단거리 달리기가 아닌 마라톤이라는 점을 기억하는 것도 중요합니다. 오늘 하루가 좋지 않았다고 해서 인생 전체가 나빴다는 뜻은 아닙니다. 대신 오늘 잘된 점을 생각해 보세요.

우리 삶에는 함께 시간을 보내는 것을 즐기고, 우리를 지지하며, 우리가 함께 있는 것을 사랑하는 사람들이 있어야 합니다.

---

[7] https://www.psychologytoday.com/au/blog/sustainable-life-satisfaction/202308/breaking-the-habit-of-people-pleasing, 2023년 11월 6일.

9

우리 모두 인정과 존중을 갈구한다

외부로부터의 인정과 존중을 추구하는 것은 흔한 인간의 행동입니다. 우리 모두 그렇게 합니다. 유아부터 은퇴자까지, 노숙자부터 가장 부유한 사람까지. 존중받고 인정받는 것은 개인의 정체성과 자존감을 인식하는 가장 확실한 방법입니다. 이는 사회·문화 공동체 내에서 그 사람의 가치를 확인시켜 줍니다.

인기 있는 정치인이나 A급 유명인이라면 누구나 자신의 경력과 명성을 유지하기 위해 끊임없는 지지자들의 흐름이 필요합니다. 그리고 그 지지는 바로 우리, 그들에게 충분한 인정과 존중을 보내는 일반인들로부터 나옵니다.

이는 모든 정치인이 선거 때마다 우리의 표가 필요하다는 뜻입니다. 그들에게는 한 표 한 표가 중요하며, 표를 얻기 위해 선거운동을 해야 합니다. A급 연예인들 도 그들의 커리어에서 우리의 지지가 필요합니다. 그들이 상품을 팔든, 음악을 팔든, 연기를 하든, 그들의 제품을 소비하는 것은 오로지 우리에게 달려 있습니다.

이 모든 것은 순환 구조로 돌아옵니다. 즉, 사람들이 당신의 존중과 인정을 구하는 상황이 많다는 뜻입니다.

안타깝게도 많은 신경다양성 부모들은 이를 이해하기 어려워할 수 있습니다. 오히려 정반대의 감정을 느끼기도 하죠. 예를 들어, 일부 부모들은 자녀의 역량을 인정하기보다 결핍의 시각으로 자녀를 바라볼 수 있습니다.

신경다양성 아이에게 어떻게 존중을 보여줄 수 있을까?

특수교육 초등학교 이사회 의장으로서 저는 모든 학생을 마치 회사의 CEO처럼 대합니다. 학교에서는 항상 존중을 담아 인사하고, 아이들과 대화할 때는 아이들의 눈높이에 맞춰 이야기합니다.

제 아들에게도 마찬가지입니다. 아이를 버릇없이 키우는 게 아닙니다. 이중 잣대를 두지 않기 때문에 성공한 인간과 동등한 존중을 베푸는 것입니다.

저를 함부로 폄하하지 마세요. 먼저 제 말을 들어보세요.

당신 회사 CEO가 당신의 프로젝트 하나를 승인하지 않았다고 상상해 보세요. 이유는 말하지 않았지만 더 나아질 수 있다고 생각했죠. 아마도 당신은 무시당했다고 생각하지 않을 겁니다.

대신 프로젝트를 재검토하고, 다른 관계자들과 상의하며, 다른 대안을 모색할 거예요. CEO에게 선택지를 너무 많이 제공한다고 생각하지도 않을 테고, 그들의 발판이 되지도 않을 거예요.

당신의 아이가 당근을 싫어한다고 가정해 보세요. 이 비유를 적용해 보면, 부모로서 아이에게 최대한 존중하는 태도를 취하고 대안을 찾기 위해 시간을 할애하고 싶어 할 것입니다.

어떤 부모들은 자녀가 가장 낮은 권위를 가진 존재라고 여기며, 아이의 어떤 거절도 즉시 무례한 행동으로 간주합니다. 이를 *암묵적 편향(Implicit Bias)*이라 부릅니다. 암묵적 편향은 자동적이고 의도하지 않게 발생하지만, 그럼에도 판단, 결정, 행동에 영향을 미치는 편향의 한 형태입니다. 예를 들어, 암묵적 편향은 누군가 친구로 삼거나, 고용하거나, 신뢰할 사람을 선택하는 데 영향을 미칠 수 있습니다. 이 사례에서는 연령이 그 원인입니다.

흥미롭게도 우리는 어른들이 까다로운 식성을 가진다는 사실을 거의 눈치채지 못합니다. 어른들은 음식을 주문하지 않거나, 공공장소에서 먹지 않거나, 가장 싫어하는 음식을 직접 요리하지 않기 때문입니다. 따라서 어린 아이들에게 제공된 음식을 한 입도 남기지 않고 먹으라고 요구하는 것은 불합리합니다.

부모로서 책임감 있게 행동하려는 마음은 이해하지만, 이는 직장에서 책임감 있게 행동하는 것과 같습니다. 다른 방법을 찾게 될 것입니다. 회사에서 세세한 부분까지 간섭받는 것을 싫어하는 것처럼, 아이도 누군가에게 야채를 먼저 먹고 고기를 먹으라는 말을 듣는 것을 싫어합니다.

존중하는 태도는 매우 전염성이 강합니다. 부모로서 자녀에게 존중을 보이는 모습을 다른 사람들이 보면 그들도 존중을 보일 것입니다. 그리고 자녀가 부모가 다른 아이를 존중하는 모습을 보면 그로부터 배울 것입니다.

속담에 "*행동이 말보다 더 큰 소리로 말한다*"고 하지요. 자녀의 존중을 얻는 것은 바로 당신의 행동 방식에 달려 있습니다.

이해받을 때 비로소 존중은 얻어집니다.

어릴 적, 형제자매와 함께 80년대 컴퓨터 게임인 *'삼국지'*를 즐겨 했습니다. 전략 게임이었는데, 각 플레이어가 컴퓨터와 싸워 모든 지방을 점령하고 결국 중국 전역을 정복하는 것이 목표였습니다. 재미있었지만, 오빠가 더 잘해서 더 멀리 진행할 수 있었고, 저와 동생은 해보려 했지만 결국 포기하고 말았습니다.

오빠가 게임을 할 때면 부모님이 시간을 재며 30분 남았다고 계속 알려주셨어요. 시간이 다 되면 부모님께 5분만 더 달라고 했고, 그 5분이 지나면 또 5분을 더 달라고 했죠. 가끔 부모님은 그만두지 않으면 전원을 끄겠다고 협박하셨어요. 여러분은 이게 시간 끌기 전략이고 오빠가 부모님을 존중하지 않는다고 생각할 수도 있겠죠.

하지만 게임이 그렇게 설계된 게 아니었습니다. 다른 지역과 전투 중일 때는 전투가 끝날 때까지 게임을 일시정지하거나 저장할 수 없었습니다. 전투 도중 군대를 전략적으로 배치할 때 게임을 떠나는 건 시간과 노력 낭비였습니다. 전략 게임인 만큼 높은 집중력이 필요했고, 방해받는 것보다 5분만 더 달라고 부탁하는 게 더 쉬웠습니다.

게임의 작동 방식을 이해하니 개념을 파악하는 건 간단했습니다.

그러니 다음에 자녀가 어떤 게임에 푹 빠져 있을 때, 부모로서 먼저 게임이 어떻게 작동하는지 알아본 후 존중과 합리성을 바탕으로 경계를 설정하세요. 부모가 자녀가 좋아하는 것의 작동 방식을 이해하려는 인내심을 보일 때, 자녀로부터 더 쉽게 존중을 얻을 수 있습니다.

신경다양성 부모로서 어떻게 인정받는 느낌을 가질 수 있을까요?

그 질문에 대한 답은 간단합니다: 신경다양성을 지닌 자녀에게 신경다양성을 긍정할수록 외부로부터 더 많은 인정을 받게 될 것입니다. 예를 들어, 누군가 당신의 아이가 투렛 증후군이 있어 농구를 할 수 없다고 생각한다면, 당신은 그들에게 아이의 틱이 다른 선수들보다 덜 연습하게 만들지 않는다고 확신시켜 줄 수 있습니다. 농구를 하는 것은 아이가 편안함을 느끼게 하여 틱 증상을 개선할 수 있으며, 규칙적인 운동은 건강한 생활 방식을 유지하는 데 필수적입니다.

신경다양성을 긍정하는 것과 현실을 부정하는 것을 혼동하지 마십시오. 둘은 다릅니다. 부정은 개인이 상황이나 문제의 현실을 받아들이거나 인정하기를 거부하는 심리적 메커니즘입니다. 부정은 일시적으로 정서적 불편을 완화할 수 있지만, 개인적 성장과 문제 해결을 방해할 수 있습니다. 따라서 우리는 농구를 할 때 약간의 단점이 있을 수 있음을 인정하지만,

타인의 의견 때문에 이 스포츠를 접하지 못하게 해서는 안 됩니다. 상황이 생각보다 복잡할 수 있다는 점은 이해합니다. 필요한 경우 전문가의 조언이나 의학적 의견을 참고할 수 있습니다.

또한 끊임없이 타인의 인정을 갈구해서도 안 됩니다. '의존성 인격 장애'라는 질환이 있습니다. 이 장애를 가진 사람들은 기본적인 욕구를 충족시키고 인정받기 위해 타인에게 지나치게 의존합니다. 그들은 종종 스스로를 제대로 돌보지 못합니다. 의존성 인격 장애를 가진 사람들은 자신감과 안정감이 부족하며 결정을 내리는 데 어려움을 겪습니다.[1]

다리우스 치카나비치우스(Darius Cikanavicius) 작가이자 10년 이상의 경력을 가진 공인 정신건강 코치에 따르면, "외부적 인정에만 의존하는 것은 지속적인 승인 욕구를 유발하고 내적 자존감과 자신감의 원천을 키우지 못하게 할 수 있어 웰빙에 해로울 수 있습니다. 많은 이들에게 이는 타인에 의해 정의된다는 것을 의미합니다.

예를 들어, 다른 사람이 당신을 훌륭하다고 생각하면 당신은 반드시 훌륭한 사람이고, 누군가 당신을 나쁘다고 생각하면 당신은 반드시 나쁜 사람이라는 식입니다. 그리고 그들이 당신을 결점 있는 사람으로 인식하면(정확하든 아니든), 당신은 공포를 느낍니다. [또 다른] 몇 가지 단순화된 예로는, 누군가 페이스북에서 당신의 게시물을 좋아하면 모든 게 잘 풀리는 것처럼 느껴집니다.

---

[1] https://www.hopkinsmedicine.org/health/conditions-and-diseases/personality-disorders#:~:text=Dependent%20personality%20disorder.,a%20 hard%20time%20making%20decisions, accessed 26 November 2023.

하지만 그렇지 않으면 끔찍한 불안감이나 공허함, 무시당하는 기분이 들죠. 누군가 당신 의견에 동의하면 자신이 옳다고 확신하며 자신감과 기쁨을 느낍니다. 하지만 그렇지 않으면 위협받고 외롭고 속상하며 자기 의심에 빠지고 사회적 불안감을 느끼게 됩니다."[2]

자녀를 있는 그대로 완전히 받아들일 수 있을 때, 타인의 인식에 의해 조종당할 가능성은 줄어듭니다. 당신과 자녀의 존재 전체가 타인에게 의존하지 않을 때, 그때야말로 건강한 인정과 확신이 따라오게 됩니다.

3대1 긍정성 비율.

과학자들은 부정적 경험 하나를 상쇄하려면 긍정적 경험 세 개가 필요하다는 사실을 발견했습니다. 노스캐롤라이나 대학교의 긍정성 연구자 바바라 프레드릭슨 박사에 따르면, 가슴 아픈 부정적 감정 경험 하나마다 당신을 고양시키는 진심 어린 긍정적 감정 경험 최소 세 개를 경험해야 합니다.

그녀가 말하는 3대1 비율을 적용하면 생존과 번영하는 마음 사이에 협력적 관계가 구축됩니다. 프레드릭슨은 "긍정성이란 '꾹 참고 참아라'나 '걱정하지 말고 행복해져라' 같은 격언을 따라야 한다는 뜻이 아니다"라고 말합니다. "그것들은 단순히 피상적인 바람일 뿐입니다."

---

[2] https://psychcentral.com/blog/psychology-self/2017/08/validation-self-esteem#5, 2023년 11월 26일.

긍정성은 더 깊이 뿌리내립니다. 감사함에서 사랑까지, 즐거움에서 기쁨까지, 희망에서 감사함까지, 그리고 그 이상의 모든 긍정적 감정의 스펙트럼을 아우릅니다."[3]

신경다양성을 가진 부모에게는 이 비율이 더 크고 강렬할 수 있습니다. 우리는 항상 우리와 아이가 기울인 노력은 간과한 채, 단 한 번의 실패한 만남에만 집중합니다. 예를 들어, 동료들이 아이의 학교 진도에 대해 칭찬을 해줄 때도, 그 선생님의 찌푸린 얼굴 하나가 머릿속에서 떠나지 않거나, 대부분의 친구들이 아이 생일 파티에 참석했을 때도, 단 한 가족이 참석하지 않았다는 사실에 뇌가 계속해서 '실패'라는 큰 신호를 보내는 식입니다.

저도 예전엔 그랬습니다. 프레드릭슨이 말했듯 긍정성은 더 깊이 스며듭니다. 제게는 감사 같은 무형의 요소들이 중요합니다.

저는 하루 세 번, 5분씩 감사를 느끼고 긍정성에 집중하는 법을 배웠습니다. 예를 들어, 아들과 함께하는 세 가지 긍정적인 5분 활동은 다음과 같습니다:

1. 저는 항상 그보다 한 시간 일찍 일어나 상쾌한 하루를 시작합니다. 첫 5분 동안, 아들이 깨어나 저를 볼 때면 저는 항상 기쁜 모습을 유지합니다.

---

[3] https://www.forbes.com/sites/bryanrobinson/2020/10/16/10-ways-the-3-to-1-positivity-ratio-can-advance-your-career/?sh=1db6c03370c4, 2023년 12월 2일 .

그의 기분이 어떻든 상관없이. 가끔은 여전히 더 자고 싶어 할 때도 있어서, 그를 깨울 때면 침착함을 유지하라고 스스로 다짐합니다.

2. 학교에서 데리러 갈 때면 항상 작은 간식을 챙기거나 집에 돌아왔을 때 먹을 것을 준비합니다. 학교에서 저를 보거나 집에 돌아온 지 5분 이내에 저를 발견하면, 기분이 어떻든 항상 환한 미소로 그를 맞이합니다.

3. 잠들기 전 불을 끄기 전 마지막 5분 동안, 저는 그의 기분이 어떻든 그와 이야기를 나누고 침대에 눕혀줍니다. 다시 한번, 저는 침착함을 유지합니다. 이렇게 하면 그는 잠들기 전에 편안함을 느낄 것입니다.

보시다시피, 아이들을 인정하는 방식을 재구성하는 데 하루에 단 15분만 투자하면 긍정적인 에너지를 유지할 수 있습니다. 물론 나쁜 날도 항상 있을 테지만, 다음 날에는 그 5분 루틴을 하루 세 번 꾸준히 지키려 노력하는 것을 잊지 마세요.

우리는 인정과 존중의 의미를 재구성해야 합니다. 이는 신경다양성 자녀를 키우는 데 항상 새로운 시각을 가져다줍니다. 대부분의 경우 우리는 길을 걸으며 배우고 삶의 의미/성공의 기준을 정합니다. 신경다양성 공동체에는 옳고 그름이 아닌, 단지 좋고 나쁨만이 존재합니다. (이에 대해서는 12장에서 더 자세히 다루겠습니다.)

모든 이의 여정은 다를 수 있습니다. 모두를 위한 단 하나의 길은 존재하지 않습니다. 네, 신경다양성 부모인 우리는 덜 밟은 길을 걸을지 모르지만, 유일한 차이는 다른 풍경을 마주한다는 점입니다.

10

왜 항상 우리 아이들은 부족해 보이는가

"비교는 기쁨을 훔치는 도둑입니다."

—시어도어 루즈벨트

이 유명한 명언을 알면서도, 모두가 여전히 비교하고 싶어 한다는 점을 인정합니다. 비교를 통해서만 누군가/무언가가 좋은지 나쁜지, 아니면 적어도 누군가가 충분히 노력하는지 알 수 있기 때문입니다.

비교하는 것은 완전히 자연스러운 인간의 행동이며, 항상 좋은 의도로 시작됩니다. 예를 들어, 우리 아이가 학교에 들어가면 우리는 보통 아이를 더 큰 집단과 비교하며 우리 아이가 신경다양성을 가질 수 있다는 것을 깨닫게 됩니다.

그러나 ICF 공인 ACC(Associate Certified Coach)인 엘리자베스 페리(Elizabeth Perry)에 따르면, 지나친 비교는 불행과 낮은 자존감으로 이어집니다. 우리는 "충분히 좋지 않다"는 이유로 자신에게 좌절하거나 타인에게 화를 내게 됩니다.

[지나친] 비교의 실제 사례는 다음과 같습니다:

- 길에서 다른 여성이 걸어가는 모습을 보고 "나도 저 사람처럼 예쁘면 좋겠다"고 생각합니다
- 유명인이 인스타그램에 운동 사진을 올리면 "내 몸이 저 사람처럼만 생겼으면"이라고 스스로에게 말합니다.
- 동료가 발표를 하는 모습을 보며 "그녀는 나보다 훨씬 더 훌륭한 연설가야"라고 생각하게 됩니다.[1]

지나친 비교가 있을 때 부족함을 느끼기 시작한다는 걸 아시나요? 기대에 부응하기가 점점 어려워지고, 기대에 미치지 못하는 것들을 받아들이기 힘들어집니다.

하지만 그래도 모두에게 비교하지 말라고 말할 수는 없습니다. 그러니 어느 정도까지는 비교해도 괜찮습니다. 다만 사과와 사과를 비교하듯 공정하게 비교해야 합니다.

비료를 준 식물이 비료를 주지 않은 식물보다 더 크게 자라는지 실험한다고 가정해 보겠습니다. 같은 종류의 씨앗을 비료를 준 세 개의 화분과 비료를 주지 않은 세 개의 화분에 심습니다. 모든 식물은 같은 종류의 흙을 사용합니다. 여섯 개의 화분을 모두 같은 장소에 두고 이틀에 한 번씩 같은 양의 물을 줍니다.

---

[1] https://www.betterup.com/blog/comparing-yourself-to-others#:~:text=Too%20much%20comparison%20leads%20to,were%20as%20pretty%20as%20her.%22, accessed 14 December 2023.

공정한 실험을 수행하기 위한 이 과학적 실험은 선한 일을 하는 데 가장 중요한 요소 중 하나입니다. 실험이 공정한 테스트가 되도록 하려면, 다른 모든 조건은 동일하게 유지한 채 한 번에 하나의 요소만 변경해야 합니다.[2]

이 비유를 여러분의 삶에 적용해 보세요. 이웃집 아이들을 부러워합니다. 똑똑해 보이고, 신경다양성을 가진 여러분의 아이와 거의 같은 나이인데, 여러분의 아이도 그들 같았으면 합니다. 하지만 다른 모든 조건을 동일하게 유지할 수 있나요?

- 그들에게 어릴 때부터 학문적으로 가르쳐 줄 수 있는 지지적인 친척들이 있었나요?
- 부모 양쪽 모두 조화로운 관계를 유지하며 아이가 건강한 성격을 형성하도록 도왔는가?
- 생명을 위협할 만한 병력이나 과거 경험으로 인해 생활 방식에 지나치게 신중하거나 근면해진 적이 있나요?
- 그들은 '똑똑해 보여야 한다'는 압박을 많이 받고 있나요? 그리고 만약 '똑똑해 보이지 않는다면' 부모가 그들의 존재를 부정할까요?

그러니 당신의 생활 방식이 이웃과 완전히 같지 않다고 가정해 보세요 (정확히 일치하는 것은 사실상 불가능합니다).

---

[2] https://www.sciencebuddies.org/science-fair-projects/science-fair/doing-a-fair-test-variables-for-beginners#:~:text=Conducting%20a%20fair%20 test%20is,factors%20in%20an%20experiment%20variables., 2023년 12월 10일.

다른 사람과의 생활 방식). 이 경우, 당신은 사과와 사과를 비교하는 것이 아닙니다. 아무리 노력해도 누구도 당신과 같은 길을 걷지 않습니다.

당신은 매일 자녀의 결점을 100% 보지만 이웃 아이의 결점은 매일 0.01%만 봅니다. 그리고 자녀의 결점을 알고 있기에 이를 이용해 아이를 공격하는 경향이 있습니다. 단순히 한 가지 영역만 골라 비교하는 셈이죠.

이 가설은 이렇게 작동하지 않습니다. 자녀의 결점만 골라내면 신뢰와 소통이 무너지고, 자녀가 솔직해지거나 취약해지는 것을 두려워하는 환경이 조성됩니다.

이는 자녀가 당신을 다른 부모와 비교할 때도 마찬가지입니다. 조니 부모가 당신보다 훨씬 더 많은 것을 제공할 수 있었다면, 당신은 자신이 겪은 삶의 상황이 조니 부모와 매우 다르다는 것을 알고, 자녀가 동등한 조건을 비교하지 않는다는 점을 이해할 것입니다.

자녀가 닮았으면 하는 다른 아이를 떠올려 보세요. 정말 그 아이와 자녀를 바꾸고 싶으신가요? 그 아이의 결점도 받아들일 수 있나요? 그렇다면 왜 자녀의 결점은 받아들이지 못하는 걸까요?

삶이 주는 것을 받아들이지 못할 때, '받아들일 수 없다'는 말은 당신을 배신할 것입니다. 예를 들어, 자녀가 신경다양성을 지녔다는 사실을 받아들이지 못하면, 그 사실이 사라지지 않습니다. 그리고 그럴 때, 당신은 원망하기 시작합니다.

저는 삶이 주는 모든 것, 좋은 것과 나쁜 것을 받아들이는 법을 배웠습니다. 언제든 나쁜 소식을 저에게 말해도 됩니다. 나쁜 소식을 전할 '적당한 때'를 찾을 필요는 없습니다. 솔직히 말해, 나쁜 소식을 전하기에 좋은 때는 없습니다.

사람들이 제가 그 소식을 듣고 어떻게 반응할지 걱정할 때 나쁜 소식을 늦게 전하는 것의 결과를 잘 알고 있습니다. 나쁜 소식이 늦어질수록 전하기는 더 어려워지고 때로는 더 복잡해집니다. 그러면 나쁜 소식은 받아들이기 더 힘들어집니다.

하지만 저는 진실을 받아들이고 침착함을 유지할 수 있기 때문에, 보통 나쁜 소식을 이야기할 수 있는 안전한 공간을 만들어 줍니다. 다시 말해, 받아들이지 못한다고 해서 나쁜 소식이 사라지는 것은 아닙니다. 사람들은 오히려 당신에게 말하지 않거나 거짓말을 선택할 것입니다.

비록 우리가 어떤 것들이 중요하다고 느끼더라도, 그것은 상황을 이용하는 것이 아니라 돕는 일입니다.

모든 아이에게 교육이 필수적이라고 생각하더라도, 우리는 절대 어린이 병원을 찾아 병든 아이들에게 소리치지 않을 것입니다. "이봐, 일어나서 학교 가! 교육이 얼마나 중요한지 몰라? 침대에 누워 시간을 낭비하고 있잖아. 또래 아이들과 비교해 봐. 그들은 벌써 많은 걸 배우고 있다고." 이런 말은 아무런 도움이 되지 않습니다.

결점을 이용하기보다 서로 성장하고 약점을 극복하도록 돕는 것이 더 건설적인 접근법입니다. 예를 들어, 우리는 오히려 어린이 병원에 교육을 도입하도록 주장해야 합니다. 퍼스 어린이 병원(PCH)의 특수교육요구: 의학적·정신건강(SSEN: MMH) 학과에서 최근 추진 중인 사업 중 하나는 병원에 입원한 초등·중등 학생들을 위한 전문 교육 지원을 제공하는 것입니다.

페스 어린이 병원(PCH)의 특수교육요구학교: 의료 및 정신건강(SSEN: MMH)에서 병원 내 초등 및 중등 학생들을 위한 전문 교육 지원을 제공합니다.

SSEN: MMH는 PCH 전역에 걸쳐 8개의 교실에서 운영됩니다. 주요 4개 교육 구역은 교실입니다. 이들은 학기 중 평일 오전 9시 15분부터 오후 3시 15분까지 운영됩니다.
오전 9시 15분부터 오후 3시 15분까지 운영됩니다. (휴식 시간까지 포함된 일반 학교 수업과 유사합니다!)

교사들은 태블릿과 컴퓨터를 활용해 학생들이 등록된 학교 포털에 재미있는 교육 활동에 참여할 수 있도록 지원합니다.

SSEN: MMH는 PCH 및 기타 기관과 협력하여 서호주 교향악단과 함께 병원 오케스트라 프로젝트(HOP)를 운영합니다. HOP는 일 년 내내 환자와 가족들에게 음악 세션과 엔터테인먼트를 제공합니다. SSEN: MMH는 PCH 내 다양한 프로그램에서 학생들과 함께 일하는 50명 이상의 직원을 보유하고 있습니다. PCH 자원봉사자들도 학기 중 교육 프로그램 운영을 지원합니다.[3]

이는 지원과 이해의 환경을 조성하고, 우리가 함께 협력하여 스스로를 발전시킬 수 있는 방법에 관한 것입니다.

---

[3] https://pch.health.wa.gov.au/For-patients-and-visitors/During-your-stay/, 2023년 12월 15일 .

악명 높은 엄마의 죄책감.

어머니는 임신을 하고 아이를 낳기 때문에 출산 전후로 아이와 관련된 모든 일에 대해 어머니는 깊은 죄책감을 느끼게 됩니다.

이 죄책감은 특히 아이에게 부정적인 건강 진단이 내려졌을 때 더욱 심해집니다. 엄마들은 가장 먼저 스스로를 의심합니다: 내가 뭘 잘못했지? 분만 중 경막외 마취를 사용했기 때문일까? 임신 중에 아팠던 걸까? 아니면 제왕절개를 했기 때문일까?

내 아이가 진단을 받았을 때도 사람들은 저에게 똑같은 질문을 했고, 나는 이 비유로 답하곤 했습니다.

암 환자를 연구하고 싶어서 암 병원을 방문해 모든 환자에게 인터뷰를 진행한다고 가정해 보세요. 평생 동안 한 번이라도 흰 쌀밥을 먹어본 적이 있는지 묻는다면, 설령 한 숟가락만 먹었다 해도 대답은 '예'일 것입니다.

결과는 모든 암 환자가 찐 흰쌀밥을 먹은 적이 있다는 것을 보여주었으므로, 찐 흰쌀밥이 암을 유발한다고 결론지을 수 있습니다. 좀 우스운 이야기죠? 네, 데이터를 조작하지 않았고 인터뷰가 공정하다고 반박할 수는 있지만, 이는 단지 당신이 내린 하나의 가설일 뿐입니다.

작가이자 자폐 스펙트럼 권리 옹호 전문가인 리사 조 루디는 '냉장고 어머니'라는 용어에 대해 "베리 웰 헬스"라는 제목의 글을 썼습니다. '냉장고 어머니'는 1940년대 오스트리아 정신과 의사 레오 칸너가

냉담하고 무관심한 양육 방식으로 아이에게 심각한 트라우마를 주어 자폐증으로 빠져들게 했다고 묘사하기 위해 만들어졌습니다. 이 개념은 수십 년간 수많은 가족들에게 엄청난 고통을 안겼으며, 결국 허구로 밝혀졌습니다.

미국 샌디에이고 자폐증 연구소(ARI)의 설립자이자 소장이었던 고(故) 버나드 림랜드는 이 신화를 반박한 공로를 인정받습니다. 자폐증 자녀를 둔 부모로서 그는 자폐증 원인을 탐구하고 더 잘 이해하며, 잘못된 양육이 원인이라는 널리 퍼진 개념을 없애는 데 깊은 관심을 가졌습니다.

그의 연구와 부모들을 자조 단체로 결집시킨 노력은 자폐증의 근원에 대한 사고방식을 바꿨다. 1970년대 초반이 되자 '냉장고 같은 어머니' 개념은 더 이상 받아들여지지 않았으며, 양육 방식은 자폐증 원인 연구의 초점이 아니게 되었습니다.

오늘날 자폐 스펙트럼 장애(ASD)는 '냉정한 양육'과 무관하며 단순히 신경다양성의 한 표현이라는 점이 일반적으로 인정됩니다.[4]

엄마의 죄책감 또 다른 예는 조산아입니다. 많은 조산아는 학습 장애와 시각·청각 문제를 포함한 평생 장애를 겪습니다. WHO에 따르면 2020년 약 1,340만 명의 아기가 너무 일찍 태어났습니다. 이는 열 명 중 한 명 이상에 해당합니다.

---

[4] https://www.verywellhealth.com/why-refrigerator-mothers-were-blamed-for-autism-260135#:~:text=The%20term%20%22refrigerator%20mother%22%20was,decades%20before%20it%20was%20debunked, accessed 19 December 2023.

아기들. 조산은 다양한 이유로 발생하지만, 대부분의 조산은 자연적으로 발생합니다.[5]

조산을 유발하는 많은 요인들이 산모의 통제 범위를 벗어난다는 점을 이해하는 것이 중요합니다. 그러나 많은 산모들은 조산을 예방하기 위해 아기를 보호할 수 없다고 스스로를 인식했습니다. 조산아에게 건강상의 합병증이 발생하면, 산모들은 자신에게 책임이 있다고 느끼며 자책할 수 있습니다.

대부분의 조산아는 초기 소아 중환자실 입원이 필요할 수 있습니다. 어머니들은 아기에게만 집중해야 한다고 생각할 때 휴식을 취하거나 영양을 공급받거나 정서적 지원을 받는 데 시간을 할애하는 것에 대해 죄책감을 느낄 수 있습니다.

좋은 소식은 멜버른 로열 여성 병원이 주도한 25년간의 연구 결과(2021년 8월 23일 발표)에 따르면 장애 없이 생존하는 조산아 수가 20% 증가했다는 점입니다. 새로운 데이터에 따르면 1991/92년에 태어난 '극히 조산아' 중 42%가 심각한 신경발달 장애를 보이지 않았으며, 2016/17년 출생아에서는 이 비율이 62%로 상승했습니다.

로열 여성 병원의 신생아 전문의이자 연구 책임자인 지니 청 교수는 이번 연구 결과가 전 세계 미숙아 부모와 의료진에게 주목할 만하다고 말했습니다. "우리 연구는"

---

[5] https://www.who.int/news-room/fact-sheets/detail/preterm-birth, 2023년 12월 18일 .

조산아를 출산할 가능성이 있는 가족들에게 신생아 치료가 지속적으로 발전하고 있으며, 그들의 아기가 사고, 말하기, 걷기, 보기, 듣기 등 주요 기능에 큰 문제 없이 생존할 가능성이 매우 높다는 점을 안심시켜줍니다" [6]

결론적으로 **우리가 비교할 수 있는 유일한 유의한 것은 어제의 자신과 오늘의 자신입니다.** 어제보다 오늘 무엇을 더 잘할 수 있을까요? 신경다양성을 가진 자녀를 키우며 이 지점에 이르기까지의 여정이 넷플릭스 시리즈나 인스타그램에 올릴 만한 포스팅처럼 화려하지 않을 수 있지만, 그렇다고 여러분의 도전이 덜 현실적이거나 성취가 덜 빛나는 것은 아닙니다.

오늘 스스로에게 물어보세요. 세상이 너무 가혹해서 아이의 좋은 점을 전혀 알아볼 수 없나요?

[6] https://www.thewomens.org.au/news/new-vics-data, 2023년 12월 18일

11

모든 성공은 소중합니다

당신에게 당근을 한 번도 먹어본 적 없는 20살 아들이 있다고 상상해 보세요. 아들은 당근을 싫어하며, 슈퍼마켓 신선식품 코너에서 당근 근처를 지나갈 때마다 토할 듯한 반응을 보입니다. 당근이 아들에게 좋다는 걸 알지만, 포기할 부분은 포기하는 법을 배웠습니다. 아들이 다른 채소를 먹는다면 당근을 싫어해도 괜찮다고 생각하는 것이죠.

그런데 어느 날, 당신과 아들이 식당에서 음식을 주문했는데, 접시에 아들의 음식 옆에 당근이 함께 나왔다고 상상해 보세요. 당신은 숨을 죽이고 아들의 격렬한 반응을 예상했지만, 그는 아무런 반응도 보이지 않았습니다. 그는 당근을 살짝 냄새 맡고 한 입 베어 물었습니다.

자, 지금 기분이 어떠신가요? 정말 놀랍지 않나요? 이 레스토랑은 그날 이후로 여러분이 가장 자주 찾는 레스토랑 중 하나가 될 거라고 확신합니다.

이것이 바로 '모든 성공이 의미 있다'는 뜻입니다. 그 성공이 아무리 작아도 상관없어요. 아이가 (아이에게 좋은) 무언가를 못하다가 이제 할 수 있게 되었다면, 그것은 승리입니다. 그리고 우리는 모든 승리를 축하합니다.

당신의 이야기를 듣고 당근을 좋아하는 유아를 둔 다른 부모가 당신을 정신이 나갔다고 생각한다면 어떨까요? 가장 중요한 것은 그들에게는 중요하지 않다는 점입니다. 당신과 당신의 아이에게 중요한 거죠! 그리고 그 한 입을 먹기 위해 아이가 얼마나 많은 노력을 기울였는지 오직 당신만이 알고 있습니다.

신경다양성을 가진 모든 개인은 한 가지 위대한 성공 특성을 지닙니다 - **회복탄력성입니다**. 이 세상은 신경전형인을 위해 만들어졌으며, 매일 신경다양성을 가진 모든 사람이 최선을 다해 헤쳐 나가고 있다는 점을 기억하는 것이 중요합니다. 바로 이 회복탄력성이 그들을 세상에서 가장 성공한 사람들로 만듭니다.

여러분에게 성공이 무엇을 의미하는지 정하세요!

*옥스포드 학습자 사전(Oxford Learner's Dictionary)*에 따르면, 성공은 **당신이** 원하고 노력해 온 것을 이루었을 때입니다.

사전이 말하듯, 성공의 의미를 결정하는 것은 바로 **당신** 자신입니다.

그러나 많은 사람들은 사회가 자신에게 성공이 무엇을 의미하는지 결정하도록 내버려 둡니다.

2019년 비영리 싱크탱크 포퓰리스(Populace)는 갤럽(Gallup)과 협력하여 '성공 지수(Success Index)'를 만들었습니다.[1]

---

[1]https://static1.squarespace.com/static/59153bc0e6f2e109b2a85cbc/t/5d939cc86670c5214abe4b50/1569955251457/Populace+Success+Index.pdf, 2023년 11월 18일.

이 지수에 따르면, 응답자의 97%가 "자신이 가장 중요하게 생각하는 분야에서 자신의 관심사와 재능을 따라 최선을 다해 성장했다면 성공한 것"이라고 동의했습니다. 반면 사회가 성공을 그런 기준으로 평가한다고 느낀 응답자는 8%에 불과했습니다.

대신 92%는 사회가 성공한 사람을 "부유하거나, 주목받는 직업을 가지거나, 유명인"으로 정의한다고 답했으며, 자신에게 그런 성공 기준을 적용한다는 응답은 3%에 불과했습니다.

몇 가지 주목할 만한 점: 사람들은 자신의 성공을 타인과 비교해 측정하지 않는다고 말하지만, 사회는 그렇게 한다고 믿는다. 또한 사람들은 자신의 성공을 위해 누군가가 반드시 실패해야 한다고 생각하지 않지만, 사회는 그렇게 느낀다고 믿습니다.[2]

성공이 자신에게 무엇을 의미하는지 명확히 정해야 합니다. 정의는 사람마다 다릅니다. 진정으로 중요한 것이 무엇인지 분명히 정의해야 합니다.

예를 들어, 자녀를 해외 디즈니랜드로 휴가를 보내고 싶다고 가정해 보자. 이는 자녀에게 줄 수 있는 소중한 어린 시절 추억이라고 생각합니다. 계획만 세우고 실행에 옮기면 됩니다. 핵심적인 추억을 만들기에 충분한 한 번만 데려가면 됩니다.

---

[2] https://waltrakowich.com/how-to-understand-what-success-really-means/#:~:text=Instead%2C%2092%20percent%20said%20society,view%20of%20success%20for%20themselves, accessed 18 November 2023

자녀가 즐기고 다시 가고 싶어 한다면, 또 다른 여행을 감당할 수 있는지 생각해 보세요. 감당할 수 없다면, 자녀에게 나중에 친구들과 다시 갈 수 있다고 말해주세요.

아이에게 "안 된다"고 말하는 것이 실패한 부모가 되는 것은 아닙니다. (진심으로, 매년 전 세계 모든 테마파크에 아이를 데려갈 필요는 없으니까요.) 성공적인 양육의 답은 누가 더 빨리 아이의 버킷리스트를 채우느냐를 겨루는 경주가 아니라는 점입니다.

(아이에게) 성공이 무엇인지 그려주세요.

신경다양성 아이를 키울 때는 우리가 어떤 일이 끝났다고 생각하는지 보여줘야 합니다. 아이가 우리의 마음을 읽을 수 있다고 가정해서는 안 됩니다.

예를 들어,

이렇게 말하는 대신	*이렇게 해보세요*
학교 갈 준비해!	교복 입고, 도시락 챙기고 책가방 챙겨!
방 청소해!	빨래 바구니에 옷을 넣고, 장난감은 선반에!
저녁 먹어!	닭고기 먹어 봐. 아주 맛있단다.

원하는 것을 다른 표현으로 바꿔 말함으로써, 무언가를 요청하는 동시에 아이에게 그 일이 완료되기 위해 필요한 행동을 보여주는 것입니다.

아무리 어린아이라도 아이 취급받는 걸 좋아하지 않아요!

성공은 직선적이지 않습니다.

미국 정치인 레스 브라운은 이렇게 말했습니다. "중국 대나무는 자라는데 5년이 걸립니다. 매일 물을 주고 비료를 주어야 하며, 5년째가 되어야 땅을 뚫고 나옵니다. 하지만 일단 땅을 뚫고 나오면 5주 만에 90피트(약 27미터)까지 자랍니다.

이제 질문은 5주 만에 90피트 높이로 자라는가, 5년 만에 자라는가입니다.

답은 명백합니다. 5년 만에 90피트까지 자랍니다. 왜냐하면 그 사람이 그 꿈을 가꾸고 기르고 비료 주는 것을 그만뒀더라면, 그 대나무는 땅속에서 죽었을 테니까요."[3]

어떤 사람들은 대나무가 자라기를 기다릴 인내심이 없지만, 많은 사람들은 그렇지 않습니다. 신경다양성을 가진 아이를 키우는 것은 때로 이 대나무와 같습니다. 눈에 띄는 결과 없이 수년간의 관심과 훈련이 필요할 수 있습니다. 그러다 갑자기 아이가 성장의 징후로 당신을 놀라게 할 수도 있습니다.

심리치료사 조이스 마터(LCPC)에 따르면, "많은 사람들이 성공이 직선적일 것이라고 기대하거나 희망합니다. 즉, 매일 조금씩 나아져서 곧은 길 위로 계속 올라가야 한다고 생각하죠. 그러나 사람들은 성공을 이루고, 좌절을 경험하고, 그로부터 배우는 과정을 반복하는 것이 더 흔합니다."

---

[3] https://motivationmentalist.com/2018/07/23/chinese-bamboo-tree-les-brown-motivational-speech/, 2023년 11월 20일 .

그로부터 회복한 후 다시 전진하는 것입니다. 목표는 후퇴가 더 적고, 덜 빈번하며, 덜 강렬해지는 것입니다."[4]

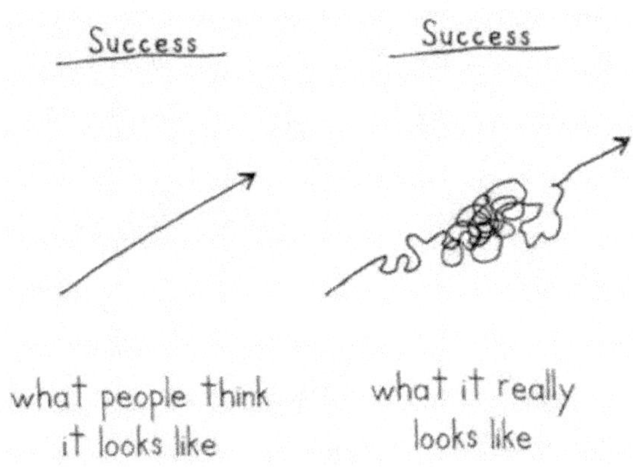

그림 2: *성공은 선형적이지 않다. 출처: 데메트리 마틴의 『This Is A Book』.*

사람들은 소셜 미디어나 대화에서 자신의 성과를 공개적으로 자랑하지만, 그 뒤에서 벌어진 일들은 절대 공유하지 않습니다. 이러한 '하이라이트 영상' 효과는 사람들에게 성공이 빠르고 쉽게 찾아온다는 사고방식을 심어줍니다. 이는 **지속적인** 성취에 필요한 시간과 헌신을 간과한 채, 빠른 결과와 즉각적인 만족에 대한 욕구를 만들어냅니다. 현실에서 성공은 위 그림 2에 표시된 경로를 따릅니다.

이코노믹 타임스(2023년 7월 12일)에 따르면, *<미션 임파서블 7: 데드 레코닝 파트 원>*에서 톰 크루즈가 선보인 숨 막히는 죽음의 오토바이 스턴트는 팬들을 놀라게 했습니다.

---

[4] https://psychcentral.com/blog/success/2013/10/understand-progress-in-life-is-not-linear#1, 2023년 11월 17일 .

이 목숨을 건 묘기를 준비하기 위해 크루즈는 혹독하고 힘든 훈련 과정을 거쳤습니다. 그는 무려 500회의 스카이다이빙과 13,000회 이상의 모터크로스 점프를 수행하며 준비했습니다. 이러한 헌신과 꼼꼼한 연습 덕분에 그는 스턴트를 완벽하게 수행할 준비가 되어 있었습니다. 놀랍게도 크루즈는 단 한 번의 촬영으로 만족하지 않았다. 그는 이 장면을 무려 여섯 번이나 촬영했으며, 매 촬영 후 촬영장 복원에 막대한 노력이 필요했습니다. 완벽을 향한 이러한 헌신은 관객에게 가장 짜릿하고 진정성 있는 경험을 선사하려는 크루즈의 흔들림 없는 의지를 보여줍니다."[5]

신경다양성을 가진 개인을 지원할 때, 대중의 눈에는 쉬워 보이는 일을 이루기 위해 우리가 같은 행동을 반복한다는 점을 눈치챌 수 있습니다. 우리의 작업을 더 세밀하게 조정할수록 우리는 더 유능해지고 무력감을 덜 느끼게 된다는 점을 기억하는 것이 중요합니다.

성공과 실패의 차이는 용기에 달려 있습니다. 믿음의 도약이 우리가 가진 전부입니다.

한 서비스 제공자가 제공하지도 않은 서비스에 대해 250달러를 청구한 적이 있습니다. 그는 오히려 제가 불성실하다고 비난하며 무례한 발언을 했습니다. 저는 경악했습니다. 금전적 분쟁을 겪은 건 처음이었으니까요.

---

[5] https://economictimes.indiatimes.com/news/international/us/mission-impossible-7-tom-cruise-performs-deadly-motorbike-stunt-heres-how/articleshow/101705688.cms, 2023년 11월 19일.

처음에는 그냥 돈을 주고 넘어가려 했습니다. 그가 제 거주지를 알고 있어서 안전이 걱정됐기 때문입니다. 무엇보다도 제가 더 '큰' 사람이라서 그냥 넘어가야 한다고 생각했습니다. 하지만 변호사에게 다른 의견을 구하기로 결정했습니다.

제 이야기를 들은 옹호자는 나를 약하다고 판단하지 않았습니다. 대신 상황을 분석해 주었습니다. 첫째, 이런 불성실한 서비스 제공자가 많다고 했습니다. 이번에는 돈을 주고 넘어간다 해도 다음 번이 반드시 올 것이며, 그때마다 저는 불공정한 대우를 참아내기로 선택할 가능성이 크다고 했습니다.

그러나 이 250달러 분쟁을 성공적으로 해결할 수 있다면, 다음번에는 2500달러 분쟁도 처리할 수 있을 것입니다. 방법은 다를 수 있지만, 결국에는 25,000달러 사건도 침착하게 맞설 수 있게 될 것입니다.

중요한 건 돈이 아니었습니다. 도전이나 갈등을 마주할 때마다 점점 더 자신감이 생겨났다는 점이었습니다.

신경다양성을 가진 내 아이와 연관 지었을 때, 그 깨달음은 순식간에 내게 다가왔습니다. 그 끔찍한 서비스 제공자를 정면으로 맞서야 한다는 확신이 들었습니다. 결심하자마자, 그 권리 활동 전문가는 이메일로 분쟁을 서술하는 방법을 상세히 가르쳐 주었고, 이메일을 누구에게 참조(cc)해야 하는지 조언해 주었습니다.

예상대로 그 서비스 제공자에게 이메일을 보낸 후로는 연락이 없었습니다. 큰 안도감이 들었고, 부당함에 맞서 싸운 제 자신이 정말 자랑스러웠습니다. 도전에 직면할 때마다, 성공 여부와 상관없이 그 경험에서 무언가를 배웠기 때문에 그것은 또한 진전입니다.

어릴 적 설날이면 항상 '순항'을 빌곤 했습니다. 마찰 없이 모든 일이 내 뜻대로 흘러가길 바랐죠.

하지만 이제는 그런 소원이 아닙니다.

마찰이 있어야 우리에게 무엇이, 누가 좋은지 알 수 있습니다. 헌신적인 엄마로 조용한 삶을 즐기던 시절도 행복했습니다. 하지만 곧 깨달았죠. 그게 인생의 일시정지 버튼을 누를 수 있다는 뜻은 아니라는 걸. 현상 유지를 위해선 계속 배우고 성장해야 합니다. 세상은 매일 변화하고 발전하니까요. 배움을 멈추는 순간, 과거의 지식은 쓸모없어집니다.

나처럼 안정감을 추구한다면, 그 안정감이 마음을 무겁고 불안하게 만들지 않고 가볍고 편안하게 해야 한다는 점을 기억하세요. 아이를 위해 목소리를 높일수록 오히려 명확함이 느껴집니다. 물론 항상 도전은 존재하지만, 더 이상 피하지 않습니다. 그 도전들을 성장과 발전의 여정 일부로 바라봅니다.

결단을 내릴 용기를 가지세요.

완전히 어두운 방에 갇혀 극심한 불안감을 느끼고 있다고 상상해 보세요. 출구가 보이지 않고, 얼마나 멀리 있는지 알 수 없습니다. 본능적으로 가만히 기다리며 도움을 청해야 한다고 생각할 것입니다.

하지만 용기를 내어 주변의 스위치를 찾아 켜 보라고 한다면? 그 다음엔 현재의 희미한 빛을 따라 움직이며 다음 스위치를 찾아야 합니다. 충분한 빛을 켜야만 비로소 문이 보일 테니까요.

앞길을 보고 결국 터널 끝을 보려면 결정을 하며 나아가야 합니다.

삶의 목표를 많이 이루고자 하면서 동시에 미래를 걱정할 때면 압도될 수 있습니다. 이런 감정은 정상적입니다. 가장 성공한 사람들조차 인생의 어느 시점에서 이런 경험을 합니다.

우리는 "터널 끝의 빛을 보지 못할" 때마다 흔들립니다. 이해합니다. 저도 그랬으니까요. 또 다른 흔한 경험은 자기 의심과 끊임없는 결정에 대한 걱정입니다. 우리가 불확실하고 의심스러울 때면, 우리는 애초에 무엇을 하고 있는지조차 모릅니다.

결단력을 기르는 데 도움이 된 몇 가지 방법을 소개합니다:

- 선택지를 제한하세요. 대개 여러분의 필요에 맞는 선택지는 몇 가지뿐입니다. 나머지는 그저 '있으면 좋은 것'일 뿐입니다.
- 좋은 선택과 나쁜 선택 사이에 선을 긋으세요. 여기서 계속할지 그만둘지 결정합니다.
- 결단력은 매번 결정을 내릴 때마다 성장한다는 점을 기억하세요. 어딘가에서 시작해야 합니다.

저에게 성공이란, 제 아이가 독립적으로 행복을 찾을 수 있는 삶의 선택을 하며 의미 있는 삶을 자유롭게 살아갈 수 있는 것입니다.

그가 성공하고 발전할 때, 저도 함께 성장합니다!

12

옳고 그름의 선택은 없다 – 오직 좋고 나쁜 선택만 있을 뿐

학교에서는 정답이 하나뿐이며, 누군가가 우리의 답이 맞는지 틀린지 결정한다고 배웠습니다. 또한 잘못된 선택을 했습니다고 지적받으면 논쟁하지 말아야 한다고 배웠습니다.

우리는 동화에서 먼저 배우기 시작합니다. 비록 허구적인 이야기지만, 보통 교훈도 담겨 있죠.

우리 모두는 *백설공주와 일곱 난쟁이* 이야기를 알고 있습니다. 우리의 이야기는 숲속에서 일곱 난쟁이와 함께 살던 공주가 사악한 마녀가 준 사과를 먹고 잠들어 버린 이야기입니다.

하지만 신경다양성을 가진 사람들과 동화를 나눌 때면, 그들은 자신만의 버전을 내놓을 수도 있습니다. 예를 들어 어떤 아이들은 야생에서 생존하려면 20명의 난쟁이가 있어야 더 합리적이라며 20명의 난쟁이가 나와야 한다고 생각할 수 있습니다.

백설 공주는 사과 대신 초콜릿 칩 쿠키를 먹도록 속는 게 더 낫다고 생각할 수도 있습니다. 어떨까요? 전혀 문제없습니다!

신경다양성을 가진 사람들에게 더 중요한 것은 어휘력을 키우고 상상력을 발휘하는 것입니다. (동화는 어차피 허구이니 항상 논리적일 필요는 없습니다.) 정답이 무엇인지에 집착할 필요는 없습니다.

모두가 정답을 맞히고 싶어 하는 이유를 이해합니다. 아무도 틀리고 싶지 않으니까요.

다음 수수께끼의 정답을 알려줄 수 있을까요?

> 한 남자가 새 말을 샀습니다. 어느 날 그는 아들과 함께 마을에서 멀리 떨어진 곳으로 긴 여행을 떠나기로 했습니다. 그는 말을 타고, 아들에게는 걸어서 따라오라고 했습니다.
>
> 가는 길에 한 젊은이를 만났습니다. 젊은이가 말했습니다. "저 사람은 아들을 사랑하지 않네요. 자기는 말에 타고 불쌍한 어린 아들은 걸어가게 하다니." 이 말을 들은 말에서 내린 아버지는 아들에게 말을 타라고 하고 자신은 말 옆을 걸어가기 시작했습니다.
>
> 조금 더 가다 보니 한 노파가 그들을 보고 아들을 꾸짖었습니다. "이 젊은이가 참으로 무정하고 불효로구나! 자기는 말을 타고 늙은 아버지는 걸어가게 하다니."
>
> 젊은이의 이전 말과 노파의 말이 노인과 아들을 혼란스럽게 했습니다.

그들은 둘이 함께 말을 타는 것이 옳다고 생각했습니다. 그러면 서로를 아끼는 모습을 보여줄 수 있을 테니까.

아들은 아버지에게 말 뒤에 앉으라고 부탁했습니다. 얼마 후, 그들은 마을에 있는 큰 마구간을 지나갔는데, 거기에는 몇 명의 남자들이 앉아 있었습니다.

한 남자가 다가와 물었습니다. "왜 가엾은 말을 함께 타서 괴롭히나? 너무 무거운 짐을 지우고 있구나." 아들이 말했습니다. "말씀이 옳습니다. 우리 둘의 무게가 말이 감당하기에 너무 무겁다는 걸 몰랐습니다."

그 말을 듣고 두 사람은 말에서 내려 말을 끌고 걸어가기 시작했으며, 말은 그들 바로 뒤를 따라왔다. 조금 더 가다 보니 또 다른 무리의 사람들을 만났다. 그들 역시 사람이 타고 있지 않은 말을 끌고 걷는 아버지와 아들을 보고 웃음을 터뜨렸습니다.

한 사람이 말했습니다. "저 두 사람은 참 어리석구나. 말이 있는데도 걸어다니다니?" 아버지와 아들은 매우 당황했습니다.

그들은 어떻게 해야 했을까요?[1]

이 유명한 이야기는 초등학교 교과서에 실렸고, 선생님이 우리에게 이 질문을 던졌습니다.

---

[1] https://swadhyay.awgp.org/the-father-son-and-a-horse/, 2023년 12월 29일

"너희가 아버지라면 어떻게 하겠느냐?"라고 물었습니다. 우리 중 누구도 '정답'을 내놓지 못했습니다.

한 친구가 아버지가 다른 말을 사면 어떻겠냐고 제안하자, 선생님은 아버지가 그럴 여유가 없다면 어쩌냐고 물으셨습니다. 그러자 반 아이들은 아버지가 돈을 빌리거나 다른 말을 훔치면 어떻겠냐는 제안으로 우르르 떠들었습니다. 선생님은 웃어 넘기셨습니다. 선생님은 이 상황에서 어떻게 해야 하는지 가르쳐 주지 않으셨습니다. 아마 선생님도 모르셨을 것입니다.

이 이야기의 메시지는 우리가 어릴 때부터 모르는 사람들에게 인상 깊게 보이려고 필요 없는 물건을 사도록 배운다는 것입니다.

애니 듀크의 저서 *『결정하는 법: 더 나은 선택을 위한 간단한 도구들』*(2020)[2]에 나오는 궁수의 마음가짐에 관한 장에서 제가 가장 좋아하는 비유가 있습니다.

"정답이 존재하는데 당신이 모른다면, 추측하는 것은 기분이 좋지 않습니다. 당신의 답이 맞지 않을 거란 걸 알기 때문이죠.

그럼 옳은 것의 반대는 무엇일까요?

누가 틀리고 싶어 하겠습니까?

'옳음'과 '그름'만 존재하고 그 사이에는 아무것도 없다는 이런 사고방식은 좋은 의사결정을 가로막는 가장 큰 장애물 중 하나입니다. 좋은 의사결정은 추측할 용기를 필요로 하기 때문입니다.

---

[2] Duke, A. (2020). *How to Decide: Simple Tools for Making Better Choices.*

사람들은 항상 '그건 그냥 추측일 뿐이야'라며 그런 추정을 회피합니다. 이는 완벽한 지식이 아닌 한 당신의 답이 무작위적이라는 것을 암시합니다. 우리는 모든 정보를 가지고 있지 않다는 점에 집착하여, 우리가 알고 있는 모든 것들을 간과하게 만듭니다.

모든 추측은 교육받은 추측입니다. 당신의 지식은 불완전할지라도, 그 추측이 무작위적이지 않음을 의미합니다. 당신은 거의 항상 무언가를 알고 있으며, 무언가는 아무것도 모르는 것보다 낫습니다. 완벽하게 맞히지 못할 수도 있지만, 의사결정에서는 당신의 과정을 보여주는 것 자체가 인정받습니다.

궁수의 마음가짐.

더 나은 의사결정자가 되는 과정에는 추측에 대한 사고방식의 전환이 포함됩니다. '정확하지 않을 것'이라는 이유로 추측을 불편해하는 대신(정확하지 않은 것은 모두 '틀린' 것으로 간주하는 태도를 말합니다),

당신의 추측을 궁수가 표적을 바라보는 방식으로 생각해 보십시오. 의사 결정과 마찬가지로, 궁술도 오직 정중앙을 맞혀야만 점수를 얻고 그 외는 모두 빗나간 것으로 간주되는 전부가 아니면 아무것도 아닌 게임이 아닙니다. [궁수는 표적 근처를 맞혀도 점수를 얻습니다.]

추측의 가치는 그 추측이 '옳은지' '틀린지'에 있지 않습니다. 여러분의 추측은 궁수의 화살과 같습니다. 근거 있는 추측을 할 때, 여러분은 과녁의 중심을 겨냥하는 것이며, 비록 정확한 답을 놓칠 수는 있겠지만 궁수처럼 근처에 닿기만 해도 점수를 얻을 수 있습니다.

목표의 정중앙을 맞추지 못할 때가 많다는 사실을 인정해도 괜찮습니다. 중요한 것은 목표를 향해 조준하는 것입니다. 정보에 기반한 추측으로 정중앙을 조준하면 정확한 명중률에 가까워집니다. 이는 자신이 알고 있는 것과 모르는 것을 파악하도록 동기를 부여하기 때문입니다. 더 많이 배우도록 자극합니다.

첫 시도에서 반드시 성공해야 한다는 압박감 때문에, 여러 번 시도하는 것이 '잘못된' 것처럼 느껴집니다. 이는 첫 시도에서 가장 높은 기대치에 부응해야 한다는 강박으로 이어집니다(그렇지 않으면 실패자로 낙인찍힐 테니까요). 이런 사고방식은 즉각적인 만족감 추구 탓이라고 할 수 있습니다!

우리 내면의 아이에 뿌리내린 실패와 평가에 대한 두려움은 어린 시절 경험에서 비롯될 수 있습니다. 예를 들어 어릴 적, 어른들이 다른 사람을 실패자로 평가하는 모습을 목격했을 수 있습니다. 그러면 우리도 무언가에 실패하면 온 세상이 알게 되고 (분명히) 우리를 평가할 거라 느끼게 됩니다. 이는 불안감을 유발하며, 어른들의 기대에 부응했다면 이런 비판은 없었을 거라는 믿음을 심어줍니다.

또 다른 지표는 일이 예상대로 진행되지 않을 때, 다른 사람들이 우리를 평가할 기회를 주기보다 먼저 스스로를 비판하거나(또는 자신의 아이를 비판하는 것이) 더 쉽고 '편안하다'고 느끼는 경우입니다.

예를 들어, 신경다양성 자녀가 수학 성적이 계속 떨어지면 이렇게 말하기 시작합니다. "그래, 벌써 엄하게 벌을 줬어. 두 달 동안 외출 금지야. 다음 시험에 통과하지 못하면 마인크래프트는 절대 못 해."

자신과 아이에게 가혹한 비판을 퍼부으면 타인의 시선을 피할 수 있을 거라 기대합니다. 사소한 일에도 스스로를 혹독하게 다그치는 습관은 계속 이어집니다.

때로는 '충분히 잘한 것'이 충분할 때가 있습니다.

주어진 조건과 자원을 바탕으로 현실적인 사고의 균형을 만들어야 합니다. 예를 들어, 신경다양성 자녀가 학교 크리스마스 캐롤 공연에 초대받았다고 가정해 보세요. 아이는 큰 소리에 매우 민감하고, 말을 하지 않으며, 지시를 따르지 못합니다. 무대에 오를 차례가 되었을 때, 아이는 공연이 끝날 때까지 차분히 가만히 서 있었습니다. 그걸로 충분합니다! 아이를 포함시켜 주신 선생님께 박수를 보내며, 아이가 어려움을 극복한 것도 잘한 것입니다. 중요한 것은 우리(부모님, 선생님, 아이)가 좋은 선택을 하려고 노력하는 것입니다.

가장 중요한 것은 목표(올바른 선택)를 향해 계속 노력하는 것입니다.

사랑의 밀기 또는 동기 부여의 당기기.

"밀어내는 요소"와 "끌어당기는 요소"는 사람들이 한 장소를 떠나는 이유(밀어내는 요소)와 사람들이 그곳에 오도록 끌어당기는 요소(끌어당김 요소)를 설명하는 용어입니다. 우리는 인생에서 선택을 할 때 이러한 요소들을 나열하는 경향이 있습니다.

신경다양성 자녀 양육에 관해서는, 저는 이를 "사랑의" 밀어내기(push)와 "동기 부여의" 끌어당김(pull)으로 재구성하는 것을 선호합니다.

사랑의 밀기의 예시 – 편안함의 영역 바로 바깥으로 "늘어나는" 것.

템플 그랜딘 박사는 자신의 저서 *『사랑의 밀어주기: 스펙트럼 아이들의 성공적인 성인 준비를 위한 가이드』*(2022) 서문에서 사랑의 밀어주기에 대한 좋은 사례를 제시합니다.

> *"한 번은 약 8명이 모인 저녁 식사에 참석했는데, 한 가족이 자폐 스펙트럼 장애(ASD) 진단을 받은 10대 초반 아들을 데려왔습니다. 말솜씨는 괜찮았지만, 많은 것을 대신 해주는 환경에서 자란 아이들처럼 엄마에게 매달려 저에게 인사하지 않았습니다. 특정 음식만 먹는 아이였기에, 엄마는 제공되는 음식을 먹지 않아도 되도록 테이크아웃 음식을 가져왔습니다. 식사가 시작되자 그는 손으로 포장 음식을 먹기 시작했습니다. 그때 제가 말했죠. "이건 정식 만찬입니다. 식기를 사용하세요." 아이는 즉시 포크를 집어 들고 사용하기 시작했습니다. 그는 식기만으로 모든 음식을 먹었고 다른 음식도 조금 맛보았습니다. 아이가 식기를 성공적으로 사용하자, 그의 아버지가 저에게 하이파이브를 했습니다."*[3]

---

[3] Grandin, T. (2022) *The Loving Push: A Guide to Successfully Prepare Spectrum Kids for Adulthood.* Future Horizons.

이 이야기는 제게 와닿았습니다. 아들도 손으로 먹는 걸 더 좋아하거든요. 치킨 너겟이나 감자칩, 피자를 먹을 때는 괜찮습니다. 하지만 우리 가족은 아시아식 입맛이라 밥과 국수를 자주 먹습니다. 아들은 가끔 잊고 손가락을 쓰려 하곤 합니다. 그럴 때마다 국수에는 포크를, 밥에는 숟가락을 쓰는 게 더 편하다고 부드럽게 상기시켜 줍니다. 이렇게 하다 보니 점차 식기 사용의 목적을 이해하게 되었습니다.

동기 부여 요인의 예시 – 본인이 동기부여가 되는 보상을 활용하세요.

좋아하는 것을 동기부여 수단으로 활용하는 것은 간단하지만, 신경다양성 개인은 보상을 다르게 처리할 수 있다는 점을 인지하는 것이 중요합니다.

ADHD를 가진 자폐 임상 심리학자 에이미 마샬 박사에 따르면, 동기 부여는 ADHD를 가진 사람들에게 흔히 어려운 과제입니다.

> *"ADHD를 가진 사람들은 ADHD가 없는 사람들과 도파민을 다르게 처리하는 경향이 있습니다. 신경전형적인 뇌는 종종 도파민의 결과로 동기를 경험하지만, ADHD를 가진 많은 사람들은 이 과정을 방해하는 도파민 경로의 장애를 가지고 있습니다. 결과적으로, ADHD를 가진 사람은 선호하지 않는 작업을 수행할 때 동일한 도파민 효과를 경험하지 못하거나 동일한 원하는 결과를 얻기 위해 많은 노력을 기울여야 할 수 있습니다.*
>
> *신경다양성을 가진 자녀가 신경전형적인 아이들처럼 동기부여를 받지 못하는 이유가 궁금하신가요?*

ADHD가 그 이유일 수 있습니다. 자녀의 뇌는 자동적인 보상을 제공하지 않습니다.

따라서 수행해야 할 과제가 있을 때, 자녀만의 보상 체계나 강화 일정을 설정하도록 도와주세요. 그러면 과제 내 구체적인 달성 지점을 파악해 보상이 비교적 자주 주어지도록 할 수 있습니다(예: 글을 쓸 때, 특정 단어 수를 쓸 때마다 보상을 받을 수 있습니다).

자녀가 동기부여를 받는 보상을 선택하고, 더 이상 동기부여가 되지 않을 때는 언제든지 바꿀 수 있다는 점을 기억하세요. ADHD 뇌는 새로움을 갈망하기 때문에 과거에 원했던 보상에 흥미를 잃을 수 있습니다. 괜찮습니다! 중요한 것은 지금 동기부여가 된다는 점입니다. 모든 사람에게 통하는 단 하나의 방법은 없습니다. 다양한 방법을 시도해보고 가장 효과적인 전략을 선택하는 것이 중요합니다.[4]

제가 배운 또 다른 방법은 아이에게 다른 방식으로 과제를 완수하도록 요청하는 것입니다.

존*(가명)이라는 소년을 알게 되었습니다. 종이에 자기 이름을 써 보라고 했더니 그는 굳어버렸습니다. 그가 자기 이름을 쓸 줄 안다는 걸 알고 있었기에 이상하게 여겼습니다.

---

[4] https://www.verywellmind.com/5-things-that-motivate-an-adhd-brain-7967417#:~:text=Choose%20rewards%20that%20you%20find,that%20it%20motivates%20us%20now, accessed 28 December 2023.

물었습니다. "이름이 뭐예요?" 그가 대답했습니다.

"존이에요."

종이를 가리키며 "여기에 '존'이라고 쓸 수 있나요?"라고 물었습니다.

그는 자신의 이름을 쓰기 시작했습니다.

보시다시피, 저는 그가 대답하도록 "부드럽게 압박"하지도 않았고, 보상으로 "뇌물"을 주려 하지도 않았습니다. 저는 단지 같은 질문을 다른 방식으로 선택했을 뿐입니다. 따라서 누군가에게 일을 시키는 데 정답이나 오답은 없습니다.

어떻게 하면 '올바른' 선택을 하고 있는지 알 수 있을까?

올림픽 체조 선수 나스티아 류킨에 따르면, "좋은 날" 조언은 부모와 아이가 그만두는 것이 옳은지 판단하는 데 도움이 될 수 있습니다. 그 조언은 다음과 같습니다: "아이가 연습에서 돌아와 이렇게 말한다고 상상해 보세요: '나는 가라테가 싫어! 너무 어려워. 더 이상 하고 싶지 않아!'라고 말한다면 이렇게 말하세요: '좋아, 그만둬도 돼. 하지만 오늘은 아니야.' 그리고 설명해 주세요: '우리 모두 그만두고 싶은 나쁜 날이 있어. 무언가가 힘들게 느껴질 때, 우리 뇌와 몸은 편안함을 원하기 때문에 저항해. 하지만 나쁜 날에 그만두면, 우리는 어떤 일도 훌륭하게 해낼 수 없게 되고 나중에 후회할 수도 있어.'

'그러니까 이렇게 하자. **기분 좋은 날에 그만둬도 돼**. 오늘처럼 잘 해냈는데도 그만두고 싶다면 그때 이야기하자.'

이런 접근법은 고난을 정상화하고(이는 회복탄력성을 키움) 아이가 다른 것을 시도하고 싶다면 그 선택을 존중해 줍니다.

우리 모두에게 너무 힘든 날들이 있습니다. 회복탄력성을 키우려면 이 좌우명을 마음에 새기세요: [좋은 날에 그만두라], 나쁜 날에는 절대 포기하지 마라."[5][6]

---

[5] https://www.youtube.com/watch?v=yvhLI-mgMAA, 2024년 1월 8일 .

[6] https://www.upworthy.com/when-kids-want-to-quit, 2024년 1월 8일 .

13

자녀의 목표를 최우선으로

아들이 학교에 다닐 때 친구(이름은 수) 집을 방문한 적이 있습니다. 그녀는 집에 유치원생 딸을 두고 있었죠. 그녀는 딸이 자신을 "엄마"라고 부를 수 있다면 세상에서 가장 행복한 사람이 될 거라고 말했습니다. 짐작하셨겠지만, 수의 딸은 자폐 스펙트럼 장애(ASD)를 가지고 있으며 말을 하지 않습니다.

수 씨는 딸이 엄마가 누군지도 모르는 것 같다고 느꼈습니다. 그녀는 거실에 있는 자신의 사진을 보여주며, 현재 목표(언어 치료사와 함께)가 딸의 얼굴 인식 능력을 돕는 것이라고 설명했습니다.

점심을 먹던 중, 아이가 엄마에게 매달리며 가끔 손을 내밀어 안아 달라고 하고는 나를 흘깃흘깃 쳐다보는 걸 눈치챘다. 내가 도착하기 전에도 딸이 그랬냐고 묻자, 수는 "아니요"라고 즉답했습니다. 내가 기분 상했을까 봐, 아마도 낯선 사람(나)이 집에 있어서 그랬을 거라고 설명했습니다.

"목표를 이미 달성하신 것 같네요." 제가 말했습니다. 수 씨는 의아한 표정을 지었습니다.

"딸이 엄마가 누군지 알았어요. 엄마를 찾아와서 저한테는 관심을 안 구하잖아요." 친구는 희미한 미소를 지었습니다.

종종 우리 아이들은 우리가 깨닫지 못하는 사이에 이미 목표를 달성하고 있습니다. 때로는 다른 누군가가 그 사실을 지적해줘야만 알게 되는 법입니다.

크리스마스가 당신에게 어떤 의미인가요?

어렸을 때를 기억하시나요? 그때가 크리스마스를 가장 즐겼던 때였죠. 선물도, 크리스마스 트리 장식도 아니었어요. 엄마와 할머니가 준비해 주신 저녁 식사였죠. 그게 바로 매해 크리스마스를 손꼽아 기다리게 했던 하이라이트였어요.

시간이 흘러 지금, 당신은 아이가 당신이 느꼈던 크리스마스 저녁의 기쁨을 경험하길 바랍니다. 식탁에 둘러앉은 그림처럼 완벽한 가족 모임과 뜨겁고 풍성한 저녁 식사를 꿈꿨죠.

하지만 현실은 조금 다르게 흘러갔습니다. 신경다양성을 가진 아이가 회피성/제한성 음식 섭취 장애(ARFID)를 겪게 되었죠. 크리스마스 저녁 식사에는 아이가 안전하게 먹을 수 있는 음식이 거의 없다는 걸 상상해 보세요. (안전한 음식이란 감각적 경험이 안정적이고 감정 조절 도구로 활용될 수 있는 음식을 말합니다.)

어머니와 할머니가 하루 종일 부엌에서 고생하셨는데, 아이가 한 입도 먹지 않아서 마음이 너무 아팠어요.

당신은 아이가 크리스마스 저녁 식사 때 무언가를 먹어야 한다는 목표를 세우기로 결심했습니다. 더 이상 아이가 안전하게 먹을 수 있는 음식은 준비하지 않겠다고 다짐했고, 당신의 어조는 엄격하고 공감 없는 태도로 변했습니다.

아이가 크리스마스를 두려워하기 시작했습니다. 다시 모두와 함께 크리스마스 식탁에 앉는 것을 더 회피하고 괴로워합니다.

이 상황이 어떻게 발생했는지 되돌아봅시다. 당신이 생각하는 즐거운 크리스마스는 이루어지지 않았고, 그 이상적인 크리스마스를 위한 목표 때문에 아이와의 관계가 악화되었습니다.

한 걸음 물러서서 아이에게 크리스마스 때 가장 즐거운 일이 무엇인지 물어본다면, 아마도 사촌들과 함께 멋진 장난감을 가지고 노는 것이라고 말할 것입니다. 그렇다면 당신의 목표는 아이가 사촌들과 가능한 한 오랫동안 즐거운 시간을 보낼 수 있도록 하는 것이어야 합니다. 그것이 아이에게 크리스마스의 기쁨이기 때문입니다. 우리는 아이들이 개개인이며, 우리가 원하는 방식이 아닌 자신들이 원하는 방식으로 삶을 살고 싶어 한다는 사실을 결코 잊어서는 안 됩니다.

저는 목표 설정 전문가가 되었습니다.

NDIS(국가 장애 보험 제도) 덕분에 저는 목표 설정 전문가가 되었습니다.

NDIS란 무엇인가요?

NDIS는 중증 및 영구적 장애를 가진 호주인과 그 가족 및 보호자를 지원하는 포괄적인 시스템의 일부입니다.

NDIS는 이용자를 정부 서비스 및 지역사회 활동과 연결하고 포용적인 지역사회, 직장 및 서비스 구축을 위해 노력합니다. NDIS는 정부나 지역사회 내 다른 서비스를 대체하지 않습니다.

NDIS를 이용하는 사람들은 '참여자'로 불립니다. 참여자는 평범한 삶을 영위하고 새로운 기술 습득, 독립성 증진, 교육 등록, 취업 등 개인적 목표를 추구할 수 있도록 지원하는 자금을 포함한 개별 계획을 수립해야 합니다. 참여자는 자신의 예산을 통제합니다. 누가, 어떻게, 어디서, 언제 지원을 제공할지 결정합니다.[1]

NDIS는 오직 참여자만을 대상으로 하며 보호자를 대상으로 하지 않습니다. 모든 NDIS 서비스나 자금은 반드시 참여자의 목표와 직접 연계되어야 합니다. 따라서 우리(보호자)는 자녀의 목표에 레이저처럼 집중하도록 (긍정적인 방식으로) 훈련받습니다.

NDIS가 자금과 서비스를 제공할 수 있음에도 불구하고, 장애인이 목표를 달성하도록 지원하는 데는 여전히 지침이 존재합니다.

예를 들어, 자폐인이 우주 비행사가 되고자 하는 야망을 가질 수 있습니다. NDIS는 단순히 그들의 목표를 지원하고 싶다는 이유만으로 우주 로켓을 사주지는 않을 것입니다.

---

[1] https://www.ndis.gov.au/providers/working-provider/connecting-, 2024년 1월 14일 .

목표를 세울 수 있습니다. 그러나 NDIS는 학원 통학 지원, 서류 작성 지원, 심지어 정신적 지원과 같은 일상 활동에서 장애인을 지원하고 도울 수 있습니다.

신경다양성 커뮤니티는 목표 설정에 대해 어떻게 생각할까요?

인스타그램에서 한 신경다양성 개인이 릴스에 자신을 촬영하며 목표 설정에 대한 생각을 공유하는 영상에 제가 태그되었습니다. 그녀는 신경전형인들이 2023년에 목표를 달성하고 2024년을 위한 명확한 계획을 세우는 모습에 위축되었습니다.

그녀 역시 같은 일을 하고 싶다고 표현했습니다. 하지만 (그녀의 표현대로) 자신의 뇌는 다르게 작동하고 있고, 신경전형인들이 고안한 그런 목표 설정 전략들은 그녀에게는 맞지 않는다고 했습니다. 그 전략들은 신경전형인들에게만 통한다는 거죠. 2024년에 최선을 다하고 싶었기에 좌절감을 느꼈습니다.

저도 그녀의 의견에 동의합니다. 신경다양성을 가진 자녀를 둔 부모들조차 라이프스타일 전문가들의 조언을 따르기 매우 어렵다고 느끼죠.

일주일에 한 번 아이와 함께 요가를 하세요.

한 달에 한 번 모녀 스파 시간을 가지세요.

아니, 그런 목표들은 지금 신경다양성 가족의 우선순위가 될 가능성이 거의 없습니다. 우리 중 일부에게는 최소한의 것, 예를 들어 한 끼 식사를 할 기회가 생기는 것이 우선순위일 수 있습니다.

우리에게는 단기 목표가 필요합니다.

우리의 삶은 압도적입니다. 우리 앞에 놓인 모든 일이 최우선 과제처럼 느껴지기 때문입니다. 끝없는 사소한 일상의 우선순위들 속에서, 가장 사소한 목표조차 완수하는 것이 불가능해집니다.

그렉 맥키언의 저서 *『에센셜리즘』(2021)*에 따르면, '우선순위(priority)'라는 단어는 1400년대에 영어에 도입되었습니다. 당시 이 단어는 단수형이었습니다. 가장 첫 번째 또는 우선적인 것을 의미했습니다. 이후 500년 동안 이 단어는 단수형으로 유지되었습니다. 1900년대에 이르러서야 우리는 이 용어를 복수형으로 바꾸고 우선순위들을 논의하기 시작했습니다. 비논리적으로도 우리는 단어의 변화를 통해 현실을 바꿀 수 있다고 생각했습니다.

따라서 서비스 제공자와 당장의 초점, 즉 단기 목표에 대해 소통할 때는 우리가 해결하고자 하는 우선순위를 선택하고 이를 자녀의 목표와 연결하는 것이 중요합니다.

예를 들어,

"요리하는 동안 아이가 나를 귀찮게 하지 않았으면 좋겠어요" **대신**

다음과 같이 표현해 보세요: "제가 요리하는 동안 아이가 30분 동안 혼자서 활동에 집중할 수 있으면 좋겠어요."

양육자들이 일상적이고 즉각적인 어려움을 해결하는 데 도움을 주는 몇 가지 서비스가 있습니다. 그중 하나가 *트리플 P(Positive Parent Program)*입니다.

트리플 P는 모든 양육자 역할 에 도움이 되는 검증된 긍정적인 팁을 제공합니다, (양부모님, 위탁 부모님, 조부모님 포함)

건강한 습관을 조기에 심어주고 아이들과의 원활한 소통을 통해 미래의 기반을 마련할 수 있도록 돕습니다.

각 *트리플 P 프로그램은* 아동 발달 및 심리학에 대한 지속적인 연구와 지식을 바탕으로 개발되었습니다. 호주에서 탄생한 이 증거 기반의 대학 개발 프로그램은 현재 35년 이상의 지속적인 연구로 뒷받침되고 있습니다.

연구에 따르면 긍정적인 양육은 아이들이 자신의 잠재력을 최대한 발휘하도록 돕습니다. 우리가 양육의 순간마다 최선을 다하고 스트레스를 받을 때도 침착함을 유지할 수 있다면, 이는 아이들(신경다양성을 가진 아이들과 신경전형적인 아이들 모두)이 배우고 성장하며 건강한 결정을 내리는 데 필요한 삶의 기술을 갖추도록 돕습니다.

트리플 P 프로그램이 다루는 주요 주제는 다음과 같습니다:

- 아이들의 끈기와 자신감 함양 돕기
- 두려움, 불안 및 강한 감정에 대처하기
- 화내며 울부짖기 및 감정 폭발
- 건강하고 행복한 취침 시간
- 다양한 양육 방식
- 자기 관리와 자신을 위한 시간 가지기[2]

어린 시절은 이러한 수많은 작은 단기 목표들로 이루어져 있으며, 이는 결국 큰 삶의 발전으로 이어집니다.

---

[2] https://www.triplep-parenting.net.au/au/about-triple-p/support-your-childs-learning/, 2024년 1월 15일 .

장기 목표

노년기에 접어든 신경다양성 개인과 부모에게 장기 목표 설정은 어려울 수 있습니다. 상황이 더 까다로워지고 스스로를 따라잡기 힘들어질 때, 코치와 함께 일하는 방법을 모색해 볼 수 있습니다.

신경다양성을 위한 코칭은 장기적인 측면을 탐색할 수 있도록 지도와 지원을 제공하는 것을 포함합니다.

예를 들어 다음과 같은 코치가 있습니다:

- 신경다양성 개인이 적합한 진로 경로를 추구하도록 돕는 커리어 코치
- 시간 관리와 같은 과제 관련 어려움을 지원하는 실행 기능 코치
- 사회적 신호와 상호작용을 이해하는 데 도움을 주는 사회적 기술 코치

코치 선택 방법.

정부 기관은 코칭 직업을 공식적으로 규제하지 않습니다. 즉, 훈련 여부와 관계없이 누구나 자신을 코치라고 칭할 수 있습니다. 그러나 일부 국제 기관은 코치 훈련의 질을 모니터링하고 해당 기관의 훈련을 이수한 코치에게 자격증을 발급합니다. 또한 가입 회원들에게 윤리 강령을 준수하도록 요구합니다.

코칭이 중요한 이유?

호주의 저명한 ADHD 코치 중 한 명인 미셸 토너 박사(OAM)에 따르면, ADHD는 무엇을 해야 할지 모르는 문제가 아니라, 해야 할 일을 할 수 없다고 느끼는 문제입니다. 종종 행동 직후에야 그 행동이 옳았다는 깨달음이 오는데, 이는 관련된 모든 이에게 좌절감을 줍니다. 뇌의 실행 기능 장애가 적절한 대응을 선택하는 데 문제를 일으킵니다. ADHD 코칭은 멈춰 서서 선택지를 고려하고 적절한 대응을 선택하도록 가르치는 바로 그 '실행 지점'에 초점을 맞춥니다.[3]

라이프스타일 전문가를 따르고 싶다면, *긍정적 사고의 과학*이나 *매력의 법칙*을 지침으로 삼으십시오. 이 두 가지 사고방식은 여러분의 진전을 방해하지 않고 오직 도울 뿐입니다.

긍정적 사고의 과학.

의사이자 방송인, 웰빙 운동가인 라다 모드길 박사가 2022년 9월 16일 *BBC 사이언스* 포커스에 기고한 글에 따르면, 상황을 재구성하고 긍정적인 측면을 찾는 우리의 능력은 신체 내 여러 기관 시스템에 이로운 것으로 보입니다. 이를 '인지적 재구성'이라 하며, 상황이나 경험에 대한 관점과 시각을 도전하고 바꾸는 기술을 사용하도록 훈련시킵니다.

---

[3] https://www.micheletoner.com/coaching, 2024년 1월 12일 .

2015년 일리노이 대학교의 또 다른 연구인 *'낙관주의와 심혈관 건강: 다인종 죽상경화증 연구(MESA)'*에 따르면, 더 낙관적인 성인은 심혈관 건강이 더 우수하고 콜레스테롤 및 혈당 수치가 개선될 가능성이 더 높았습니다.

또 다른 연구에 따르면 긍정적인 태도를 가질 경우 심장 질환 발병 위험을 30%까지 낮출 수 있다고 합니다.

따라서 과학은 긍정적 사고가 우리 다양한 생리적 시스템에 미치는 중요성과 영향력을 입증하기 시작했으며, 이 모든 요소가 결합되어 건강에 더 큰 이점을 제공함으로써 긍정적 사고가 수명 연장과 관련하여 연구되고 있습니다.[4]

끌어당김의 법칙.

2023년 8월 17일자 *포브스 헬스에* 따르면, 여러분은 아마도 '끌어당김의 법칙'에 대해 들어보셨을 것입니다. 이는 낙관적인 사고가 긍정적인 결과를 낳을 수 있다는 이론입니다.

애리조나주 스코츠데일의 마스터 인증 법칙 코치 크리스티 휘트먼은 "끌어당김의 법칙은 '같은 것은 같은 것을 끌어당긴다'는 원칙에서 비롯됩니다"라고 말합니다.

"끌어당김의 법칙에 담긴 기본 철학은 에너지가 현현보다 선행한다는 점입니다. 따라서 긍정적인 생각은 개인의 삶에 긍정적인 결과를 가져올 수 있습니다.

---

[4] https://www.sciencefocus.com/news/thinking-positively-can-be-good-for-your-body-too-not-just-your-brain, 2024년 1월 18일 .

부정적인 생각은 그 반대의 결과를 가져온다는 것입니다. 우리가 부족한 점, 불공정한 점, 또는 우리가 당한 모든 불공평한 대우에 집중할 때, 우리는 계속해서 잘못된 증거를 찾게 될 뿐만 아니라, 의도적으로 생각하고 느끼는 우리의 힘을 빼앗는 피해자 의식에 갇히게 됩니다,"라고 휘트먼은 설명합니다.

긍정적 상상과 희망적 사고의 경계는 어디일까?

“끌어당김의 법칙 이론을 따를 때는 현실성을 유지하는 것이 중요합니다. 평범한 사람은 정부가 자신에게 1조 달러를 보내줄 거라고 믿지 않죠. 그건 희망사항에 불과합니다. 반면 긍정적 구상은 실제로 일어날 수 있는 가능성을 목표로 합니다.”라고 뉴멕시코주 산타페 소재 사우스웨스턴 칼리지 전 총장이자 공인 심리학자, 끌어당김의 법칙 코치인 제임스 마이클 놀란 박사는 말합니다.

휘트먼은 덧붙여 말했습니다. "목표는 자신이 추구하는 결과를 이루고, 그 상태가 되고, 그것을 소유했을 때의 느낌을 온전히 받아들이는 것입니다. 희망적 사고와 긍정적 시각화의 또 다른 중요한 차이점은 행동이 필요하다는 점입니다. 소파에 앉아 우주가 좋은 결과를 보내주길 바랄 뿐이라면 아무것도 변하지 않을 것입니다."[5]

---

[5] https://www.forbes.com/health/mind/what-is-law-of-attraction-loa/#footnote_2, 2024년 1월 16일.

14

당신에게 의미 있는 일에 시간을 투자하라

"아이에게 슈퍼맘은 필요하지 않습니다.
아이에게 필요한 건 행복한 엄마입니다."

엄마로서 저는 아들에게 최선의 것을 원합니다. 우리 모두 성공적인 커리어를 가진, 아름다운 아내이자 사랑스러운 엄마인 그런 슈퍼맘이 되고 싶어 합니다. 우리가 롤모델이 되고 싶어 한다는 걸 이해합니다. 하지만 일상생활이 압도적으로 느껴지고, 끊임없이 놓치는 게 있을까 두려워할 때, 우리는 바쁘지만 생산적이지 않다고 느낍니다. 바로 그때 우리에게 의미 있는 것이 무엇인지 재구성할 필요가 있습니다.

심리학자 허버트 프로이덴버거와 게일 노스에 따르면, 번아웃에는 12단계가 있습니다:

1. "자신을 증명하려는 강한 강박: 끊임없이 자신의 가치를 입증해야 한다는 느낌.
2. 이를 달성하기 위해 점점 더 열심히 일해야 한다는 생각.

3. 필요를 소홀히 함: 제대로 잠을 자지 않거나 식사를 거르고, 사회적 교류가 부족함.
4. 갈등의 전가: 스트레스 수준을 포함한 모든 문제를 타인이나 상황 탓으로 돌림.
5. 가치관의 재조정: 친구와 가족이 더 이상 일만큼 중요하지 않다고 여김.
6. 새로 발생하는 문제 부정: 관용 부족; 타인을 어리석고, 게으르며, 요구가 많고, 규율 없는 사람으로 인식함.
7. 사회적 고립: 사회적 교류를 피하거나 두려워하며, 스트레스 해소를 위해 알코올이나 약물을 사용함.
8. 이상한 행동 변화: 참을성 부족, 공격성, 가족이나 친구에게 짜증 내는 등 행동 변화.
9. 비인격화: 자신과 타인을 가치 있게 여기지 못하는 이질감
10. 내적 공허감: 내면이 비어 있다고 느끼며, 이를 극복하기 위해 약물 남용이 발생할 수 있음.
11. 우울증: 방황하고 불확실하며 지친 느낌, 미래가 암울하고 어둡게 느껴짐.
12. 번아웃 증후군: 정신적·신체적 완전한 붕괴를 포함할 수 있음; 전문적인 의료적 치료가 필요한 상태."[1]

[1] https://hellobetter.de/en/blog/burnout-stages/, 2023년 9월 3일 .

새로운 일에 도전할 때면 저는 비밀 공식 하나를 사용합니다. 이 새로운 활동은 제 시간의 30% 이상을 차지하지 않아야 합니다. 예를 들어, 새로운 봉사 활동이나 공부를 시작하고 싶다면 일주일에 평균 이틀, 한 번에 세 시간 이상은 절대 안 됩니다. 저는 이 원칙을 굳게 지키며, 덕분에 번아웃을 방지할 수 있습니다. 또한 최선을 다하고 스스로를 실망시키지 않도록 도와줍니다.

더 많은 시간이 필요한 활동이라면, 아마도 다른 것들—예를 들어 사교 생활의 일부—을 포기하거나, 식사 미리 준비하기나 식기세척기 구입처럼 효율성을 높이는 방법을 찾아야 합니다.

한 가지 약속을 완수하거나 숙달한 후에야 새로운 것을 배우기 시작합니다. 이것이 제 삶의 번아웃을 방지하는 방법입니다. 여러분에게 맞는 방법을 찾으실 겁니다. 시간을 할당할 때는 반드시 자신의 경계를 지켜야 합니다.

물론 사람마다 수용 능력이 다르다는 건 압니다. 하지만 일반적으로 임신과 새로운 직업 시작, 새 집 찾기, 베이비문 휴가 계획, 학사 학위 공부를 동시에 해내는 건 매우 어렵습니다. 좌절감과 원망이 쌓이기 마련이죠. 게다가 너무 얇게 펴진 상태라면 사소한 문제 하나가 도미노 효과를 일으킬 수 있습니다.

그렉 맥키언의 저서 *『에센셜리즘: 본질에 집중하는 힘』*에 따르면, 우리는 "아니오"라고 말하는 것을 어려워합니다. 이는 사람들이 무언가를 부탁할 때, 그 요청을 그들과의 관계와 혼동하기 때문입니다.

때로는 이 둘이 너무 밀접하게 연결되어 있어, 요청을 거절하는 것이 *그 사람을* 거절하는 것과 같지 않다는 사실을 잊곤 합니다.[2]

신경다양성 자녀가 달성하기를 바라는 발달 단계에 직면했다면, 우리는 그 여정에 함께 집중해야 합니다. 바로 여기에 여러분의 시간과 관심이 집중되어야 합니다. 기억하세요, 아이는 항상 행복한 엄마가 필요합니다.

신경다양성 자녀를 키우면서 가장 복잡한 세 가지 영역을 파악했습니다. 이 영역들은 (대부분의 경우) 외부 도움 없이 집에서 해결해야 하기 때문에 특히 어렵습니다. 이 세 가지 영역에서 어려움을 겪고 계시다면, 저도 이해합니다. 그리고 혼자가 아닙니다. 신경전형적인 아이들과 성인에게도 어려운 일입니다. 하지만 매일 그 영역에서 1%씩만 개선해 나가신다면, 아이의 삶의 질을 크게 향상시킬 수 있습니다.

다음과 같은 장기적인 지원을 구하는 것은 매우 어렵고 비용이 많이 듭니다:

1. 식사
2. 수면
3. 배변 훈련

음식.

음식은 삶의 기본적 필수품입니다. 우리가 섭취하는 음식의 종류와 질은 우리의 건강과 전반적인 웰빙에 직접적인 영향을 미칩니다. 또한 친구 및 가족과 함께 식사하는 것은 문화적, 사회적 맥락에서 매우 중요합니다.

---

[2] McKeown, G. (2021). *Essentialism: The Disciplined Pursuit of Less.* Virgin.

신경다양성을 가진 사람들은 감각 과민성이나 신체적 배고픔 신호에 대한 인식 장애 등 **섭식 장애** 위험을 높이는 증상을 경험할 수 있습니다. 섭식 장애 및 트라우마 치료사 모건 블레어는 자신의 글 *"신경다양성과 섭식 장애의 중첩"*에서 연구 결과 회피성·제한성 음식 섭취 장애(ARFID) 진단을 받은 개인의 약 20%가 자폐 스펙트럼 장애를 동반한다고 밝혔습니다.

ARFID 환자의 **3분의 1은** 감각 문제로 인해 음식을 피한다고 보고했는데, 이는 많은 신경다양성 개인에게서 나타나는 특성입니다.

한 연구 분석에 따르면 **신경성 식욕부진증** 환자들은 **자폐적** 특성의 비율이 더 높다고 보고했습니다.

주의력결핍 과잉행동장애(ADHD)를 가진 여성은 섭식 장애를 발병할 가능성이 **거의 4배** 더 높습니다.[3]

많은 신경다양성 상태는 음식의 질감, 맛, 냄새와 같은 감각 자극에 대한 민감도가 높아질 수 있습니다. 예를 들어, 바삭하거나 옅은 색깔의 음식만 먹는 경우가 있습니다. 신경다양성 개인은 종종 일상의 반복과 예측 가능성을 선호하는 경향이 있습니다.

이러한 습관은 때로 식습관에 나타나 경직되고 반복적인 식사 행동으로 이어집니다. 일부

---

[3] https://www.psychologytoday.com/au/blog/eating-disorders-among-gender-expansive-and-neurodivergent-individuals/202210/the-correlation, 2023년 9월 3일 .

ADHD와 같은 신경다양성 개인은 충동적이거나 불규칙한 식사 행동을 보일 수 있습니다. 이러한 모든 요소는 섭식 장애와 유사합니다.

우리는 아이들에게 억지로 먹일 수 없습니다. 단순히 굶기며 "배고프면 먹을 거야"라고 말할 수도 없습니다. 그들에게는 '먹을 만한 것'이 없기 때문에 굶어 죽을 수도 있습니다.

제 요점은 아이들이 배고프지 않거나 무례해서 먹지 않는 것이 아니라는 점입니다. 우리를 일부러 화나게 하려는 것도 아닙니다. 부모로서 우리는 경계를 늦추지 말고 이 부분에 더 많은 시간을 할애해야 합니다.

제 아들은 비교적 잘 먹습니다. 물론 전혀 먹지 않는 음식군도 있죠. 하지만 우리는 아시아 가정이고, 아이는 아시아식 입맛으로 자랐습니다. 친구 생일 파티나 모임에 참석하면 아이가 까다로운 식습관을 가진 것처럼 보이고, 다른 부모님들께서 왜 안 먹냐고 묻기도 합니다.

가끔 원치 않는 조언을 받기도 하지만 괜찮습니다. 아들이 충분히 먹고 있다는 걸 알기에 마음에 두지 않으며, 다른 사람에게 증명하려는 강한 욕구나 필요도 없습니다. 가끔 학교 도시락에 지역 음식을 조금씩 넣어주곤 하는데, 대부분 익숙한 음식과 함께 소량으로 넣습니다.

학교에서 점심을 안 먹는다고 걱정하지 않아요. 우리 모두는 편안하게 식사하고 싶어 하니까요. 좋은 날도 있고 안 좋은 날도 있죠. 예를 들어 여름에는 식욕이 없어서 뜨거운 국보다 아이스크림을 더 좋아해요. 그리고 가끔은 단것을 짠것보다 더 좋아할 때도 있죠.

아들이 아침에 초콜릿을 원한다면, 달콤한 게 먹고 싶다는 뜻임을 압니다. 베이컨과 계란보다는 과일 스무디를 권하면 받아들일 가능성이 더 높죠. 저녁 식사에 더 신경 쓰는 이유는 제가 직접 요리한 음식을 확인하고 아이가 얼마나 먹는지 지켜볼 수 있기 때문입니다. 그게 제 마음을 편안하게 해줍니다.

수면.

미국 수면 재단(National Sleep Foundation)은 연령대별 권장 수면 시간에 대한 일반적인 지침을 제공합니다:

- 영아: 하루 12~15시간
- 유아: 하루 11~14시간
- 미취학 아동: 하루 10~13시간
- 학령기 아동: 하루 9-11시간
- 청소년: 하루 8~10시간
- 성인: 하루 7~9시간.

이제 그 기준들을 집어 던져 버리세요.

신경다양성을 지닌 많은 아이들은 신경학적 차이와 관련된 독특한 수면 문제를 경험하는 경우가 많습니다.[4]

---

[4] https://raisingchildren.net.au/autism/health-wellbeing/sleep/sleep-problems-children-with-asd, 2023년 8월 16일

모든 아이들은 잠들기 어렵거나 잠을 유지하는 데 어려움을 겪을 수 있습니다. 그러나 신경다양성을 가진 아이들은 특히 다음과 같은 수면 및 안정 문제들을 겪을 수 있습니다:

- 불규칙한 수면 및 기상 패턴 – 예를 들어, 늦게까지 잠들지 못하거나 아침 일찍 깨는 경우.
- 해당 연령대에 비해 수면 시간이 현저히 짧거나, 밤중에 한 시간 이상 깨어 있는 경우.

전문가가 매일 밤 집에 와서 아이의 수면 훈련을 해주는 것은 매우 어렵고(비용도 많이 듭니다). 취침 루틴, 백색 소음 기계, 아이를 지치게 할 수 있는 낮 활동 등 모든 방법을 시도해 보셨다는 점 잘 알고 있습니다. 수면제 처방도 까다로울 수 있다는 것도 이해합니다. 제 말은 불면증이 신경 발달이 정상인 성인에게도 어려운 문제라는 점입니다. 미국 수면 재단(National Sleep Foundation)에 따르면 미국 성인의 약 30%가 가끔 불면증 증상을 경험하며, 10%는 만성 불면증을 앓고 있습니다.[5]

부모님들께서는 아이의 불면증을 단순히 말썽을 부리는 문제아로 여기지 말고 (다른 의학적 질환과 마찬가지로) 하나의 증상으로 대우해 주셨으면 합니다. 우리도 잠을 계속 못 자면 기분 변화가 생기기 마련이니까요.

때로는 지원 담당자에게 '야간 근무'를 맡겨 부모가 잠을 잘 수 있도록 해야 합니다.

---

[5] https://my.clevelandclinic.org/health/diseases/12119-insomnia#:~:text=Roughly%2C%201%20in%203%20adults,the%20criteria%20for%20insomnia%20disorder, 2023년 9월 3일

만약 당신과 아이가 이 부분에서 어려움을 겪는다면, 아이의 수면 루틴을 중심으로 일일 일정을 계획하세요. 시간이 맞지 않는 모임이나 파티에는 반드시 "아니오"라고 말해야 합니다. 믿어주세요, 한 번 "눈감아 주는" 것이 나머지 일주일을 엉망으로 만들 가능성이 있다면 그만한 가치가 없습니다. 다시 한번, 당신에게 의미 있는 것이 무엇인지 재구성하세요.

아들이 태어나 병원에서 퇴원했을 때, 우리는 아기가 아기방에서 자도록 결정했습니다. 침실에 아기 모니터를 두고 밤에 배고파하면 일어나서 아기방까지 걸어가 수유해야 했습니다. 아기가 몸이 안 좋을 때 증상을 살피기 위해 아기방 근처에서 잤죠. 11개월이 되어 밤새 잘 때까지 정말 지칠 대로 지쳤습니다. 혼자 자는 이 습관은 지금도 계속되고 있습니다.

배변 훈련.

많은 사람들이 여전히 논의하기 어려운 주제입니다. 부모들은 가족, 친구, 다른 전문가들로부터 배변 훈련에 관한 엄청난 압박을 느낄 수 있으며, 그로 인해 얻는 조언 중 일부는 도움이 되지 않거나 심지어 오해의 소지가 있을 수 있습니다.

국립자폐협회 자폐증 컨설턴트 로레인 맥앨리스터는 이렇게 말합니다. "화장실 사용법을 배우는 것, 특히 타인이 적절하다고 여기는 방식으로 배워내는 것은 일부 자폐 아동에게 도전이 될 수 있습니다. 일부 아이들이 배변 훈련 습득을 어려워하는 데에는 다양한 이유가 있습니다. 일부는 자폐증과 관련이 있고, 다른 일부는 특정 신체적 어려움과 관련이 있습니다.

또는 두 가지가 복합적으로 작용할 수도 있습니다.[6]

배변 훈련의 개념은 아이 스스로에게서 비롯되어야 합니다. 아이는 깨끗하고 건조해지고자 하는 욕구를 가져야 합니다. 일부 신경다양성을 가진 개인에게는 이 개념이 전혀 와닿지 않을 수도 있습니다. 성인조차도 화장실 가는 것이 어려울 수 있습니다. 어떤 이들은 화장실에 가는 것을 잊어버리기도 하고(장거리 운전을 시작하기 전에), 매번 특정 화장실을 사용해야 하는 경우도 있습니다. 신경다양성을 가진 사람의 배뇨 장애나 그 부모를 판단해서는 안 됩니다. 아이에게 배변 훈련을 시키는 궁극적인 목표는 최대한 독립적으로 생활할 수 있도록 하는 것입니다.

아들이 유치원에 들어가기 1년 전, 우리는 낮 시간 동안 배변 훈련을 시작하기로 결정했습니다. 우리는 철저히 준비했고, 이 기간 동안 휴가나 큰 변화가 없도록 했습니다. 훈련용 속옷, 침대 패드, 다양한 배변 활동 도구, 그리고 정말 좋은 청소 및 탈취 제품을 많이 구입했습니다.

침실 카펫을 제거하고 바닥재를 닦기 쉬운 비닐 바닥재로 교체했습니다. 외출할 때마다 아들의 갈아입을 옷과 목욕 타월을 챙겼습니다. (외출 시에는 목욕 타월 위에 앉게 했습니다.) 이 시기가 아들과 우리 모두에게 매우 스트레스가 될 것임을 알고 있었습니다.

아들이 오줌을 가릴 수 있게 되기까지 10개월이 걸렸습니다. 그러니까 만약 그가

---

[6] https://www.autism.org.uk/advice-and-guidance/professional-practice/toileting, 2023년 9월 3일.

하루에 세 번 소변을 본다면, 바닥과 의자를 닦고 젖은 옷을 빨아야 했던 횟수는 900번에 달했습니다. 저는 정신적으로 철저히 준비했기 때문에, 상상했던 것만큼 좌절감을 느끼지 않았습니다.

우리는 종종 자신과 아이들에게 좌절감을 느끼곤 하는데, 이는 습관을 익히는 일이 얼마나 어려운지 과소평가하기 때문입니다. 예를 들어, 다음 주에 1학년 수학 시험을 보라고 한다면, 그 시험이 얼마나 쉬운지 알기에 공부할 필요가 없다고 생각할 것입니다. 하지만 만약 1학년 시험이 이제 12학년 시험으로 바뀌었다고 말한다면, 합격하려면 분명히 복습을 해야 하거나 (혹은 과외를 받아야 할 것입니다).

이 비유를 도움 요청에 적용해 보세요. 특정 분야에서 어려움을 겪을 것 같다면 도움을 청하세요. 시험 공부가 필요할 때 도움을 청하는 것이 부끄러운 일이 아니듯, 다른 어떤 상황에서도 마찬가지입니다.

15

성장 영역에서 살아가기

우리 모두는 변화를 싫어합니다.

변화는 불편합니다.

변화는 두렵습니다.

그리고 이러한 주저함은 흔한 일입니다. 인간은 본능적으로 현상 유지를 선호하기 때문입니다.

변화가 우리에게 어떻게 숨겨지는지.

최근에 화장지 롤이 예전보다 빨리 떨어지거나, 예전에는 15개의 쿠키를 만들 수 있었던 베이킹 믹스가 이제는 12개밖에 만들지 못한다는 것을 눈치채셨나요? — 여러분이 항상 지불해 온 것과 같은 가격을 지불하고 있음에도 불구하고?

이를 '축소 인플레이션(shrinkflation)'이라고 부릅니다. 식품 산업 분석가이자 supermarketguru.com의 편집자인 필 렘퍼트(Phil Lempert)는 제조업체가 원가 상승을 상쇄하기 위해 제품 양을 줄이면서도 소매 가격은 그대로 유지할 때 축소 인플레이션이 발생한다고 설명합니다.

소비자 옹호가 에드거 드워스키에 따르면, 제조업체의 수익이 압박받을 때 회사는 이익을 유지할 방법을 찾아야 합니다.

"세 가지 선택지가 있습니다: [첫째] 가격을 올리지만 소비자가 눈치채고 불만 고객이 생길 위험이 있습니다; [둘째] 더 저렴한 재료로 재구성할 수 있습니다; 그리고 [세 번째] 선택지는 제품을 더 작게 만들면서 가격은 그대로 유지해 눈에 띄지 않게 가격을 인상하는 것입니다"라고 그는 말합니다.

대부분은 세 번째 선택을 택합니다. ***너무 미묘해서 많은 사람들이 눈치채지 못하기 때문입니다.*** 예를 들어, 일부 도리토스 봉지는 동일한 가격에 9.75온스 대신 9.25온스(약 5개 적은 양)가 들어 있습니다.[1]

바로 이것이 비밀입니다! 사람들이 전혀 눈치채지 못할 정도로 미세한 변화를 주어 고통을 느끼지 못하게 하는 것이죠. 이는 신경다양성을 가진 자녀들에게도 적용할 수 있습니다!

팬데믹이 모든 사람의 일상을 뒤흔들 때.

대부분의 사람들은 일상을 사랑합니다. 일상은 우리의 안락한 공간이니까요. 우리는 익숙함과 예측 가능성 속에서 위안을 찾습니다.

그러나 팬데믹의 한가운데서 우리는 발이 묶였습니다. 누구도 우리에게 닥칠 일을 알지 못했습니다. 팬데믹이 닥쳐왔습니다

---

[1] https://www.washingtonpost.com/home/2022/07/19/groceries-shrinking-packages-rising-prices/, 2024년 1월 30일 .

- 보건 의료 조치 – 우리는 격리 및 봉쇄 상태에 있었습니다.
- 여행 제한 – 많은 국가들이 국경을 폐쇄했습니다.
- 개인적 자유 – 타인과 1.5미터 거리를 유지하고 마스크를 착용해야 했습니다.
- 원격 근무/교육 – 우리는 가상 회의만 가졌습니다.
- 공급망 – 정부가 중국과의 국경을 폐쇄했을 때 우리는 모두 화장지를 놓고 싸웠습니다.

WHO에 따르면, 코로나19 팬데믹 첫 해에 전 세계적으로 불안과 우울증 유병률이 25% 증가했습니다.

이러한 증가의 주요 원인은 팬데믹으로 인한 사회적 고립이 초래한 전례 없는 스트레스입니다. 이와 연관되어 사람들의 업무 수행 능력, 가족으로부터의 지원 구하기, 지역사회 참여에 제약이 가해졌습니다.[2]

불안과 우울증이 이 정도로 급증하는 데 불과 1년의 혼란만으로도 충분하다는 점을 보여주는 사례로, 평생 상상 가능한 모든 일상의 변화를 견뎌내야 하는 신경다양성 개인의 상황을 비교하는 것은 어렵지 않습니다.

---

[2] https://www.who.int/news/item/02-03-2022-covid-19-pandemic-triggers-25-increase-in-prevalence-of-anxiety-and-depression-worldwide, 2024년 1월 20일 .

의식적 행동 또는 강박 장애(OCD).

신경다양성을 지닌 개인의 신경계는 더 취약하고 민감합니다. 이들은 변화에 적응하는 데 어려움을 겪을 수 있으며, 신경전형인들에 비해 스트레스와 갈등을 더 자주 경험합니다. 신경다양성의 일부 예시로는 반복적 행동이나 인지적 유연성 부족 같은 특징이 있습니다.

의식적 행동의 예로는 다음과 같은 것들이 있습니다:

- 매일 아침 여러 번 옷을 입고 다시 입기.
- 같은 질문을 반복적으로 묻고 동일한 답변을 요구함.
- 장난감을 특정 순서로 정리하는 것.
- 특정 컵으로만 마시기.
- 새로운 건물에 들어갈 때마다 변기를 꼭 내리는 것.

강박적으로 보일 수 있지만, **의식적인 행동은** 감각 과민성과 사회적 어려움으로 인해 압도될 수 있는 상황에서 안정감과 예측 가능성을 **제공할 수 있습니다.**[3]

---

[3] https://theplaceforchildrenwithautism.com/what-is-autism/signs-of-autism-in-children/autism-fixations-ocd#:~:text=Most%20common%20in%20high%2Dfunctioning,written%20about%20a%20certain%20subject, 2024년 1월 29일 .

이러한 행동은 강박 장애(OCD)와는 다릅니다. 강박 장애와 관련된 행동은 강박적이며 불안을 해소하기 위해 행해집니다. **강박 장애 행동은 관심사와 관련이 없으며, 원치 않는 생각과 감정과 관련이 있습니다.**

일부 강박적 행동에는 다음이 포함될 수 있습니다:

- 물건을 지나치게 세척하고 청소하는 것.
- 작업하거나 창작한 것을 지속적으로 지우고, 다시 쓰고, 다시 하는 것.
- 특정 방식이나 패턴으로 사물을 정리하는 것.
- 특정 방식으로 물건을 특정 횟수만큼 만지는 행위.
- 문이 잠겼는지, 물건이 꺼져 있는지 켜져 있는지 여러 번 확인하는 것.
- 특정 '행운의 숫자'까지 세고 '불운의 숫자'는 피함.

저는 자녀의 의식적 행동으로 어려움을 겪는 수많은 신경다양성 가족들을 만나왔습니다. 부모들이 싸울 때와 말 때를 가르는 법을 배우는 것은 흔한 일입니다. 하지만 때로는 무해해 보이는 의식조차 문제가 될 수 있습니다. 예를 들어, 아이가 매일 아침 옷을 다섯 번씩 갈아입어야 한다면 습관적으로 학교에 지각할 수 있습니다.

제가 들은 실제 의례적 행동 사례들:

---

[4] https://theplaceforchildrenwithautism.com/autism-blog/autism-and-ocd, 2024년 1월 29일 .

- 같은 길로, 같은 버스를 타고, 같은 시간에 등교하거나, 같은 장소에 주차하기.
- 날씨와 상관없이 매일 같은 브랜드, 같은 색상의 신발을 신어야 함.
- 동일한 브랜드, 맛, 크기의 냉동 피자만 먹어야 하는 것.

위의 예에서 알 수 있듯이, 어느 날 갑자기 다음과 같은 상황이 발생하면 개인이 정상적으로 기능하기 어려울 것입니다:

- 학교 근처에 도로 공사가 생겨 차량이 우회해야 한다면.
- 아이가 그 특정 스타일의 신발을 신기에는 발이 너무 커져 버린 경우.
- 해당 식품 제조사는 동일한 맛의 냉동 피자 생산을 중단했습니다.

우리가 무의식적으로 가정에 작은 변화를 도입하는 방식.

아래 그림 3에 표시된 학습의 세 영역은 다음과 같습니다: 안전 영역, 확장 영역, 스트레스 영역.

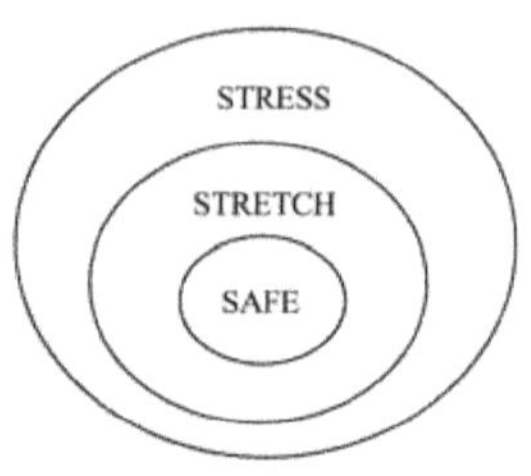

그림 3: 학습의 세 영역

안전 영역(**SAFE**) – 우리의 안락 지대, 일상, 안전한 공간입니다. 이 영역에서는 일반적으로 다가올 일을 예측하고 통제할 수 있습니다. 스트레스 수준은 0~20%입니다.

스트레치(STRETCH) – 우리가 견딜 수 있는 작은 변화를 도입하는 영역입니다. 예를 들어, 등교길에 평소 주차하던 자리 바로 옆에 주차하는 것부터 시작할 수 있습니다. (축소 인플레이션 비유를 떠올려 보세요. 너무 작아서 눈치채지 못할 정도의 변화입니다.) 이 스트레치 영역은 우리가 항상 머물고 싶어 하는 영역입니다. 이 영역에서 새롭고 작은 변화를 계속 추가해야 합니다. 스트레스 수준은 30~70%입니다.

스트레스(STRESS) – 이 영역은 패닉 영역입니다. 위험을 느끼며 가능한 한 피해야 합니다. 이 영역에서 자신을 시험해 볼 필요는 없습니다. 스트레스 수준은 80~100%입니다.

스트레치 존에서 작은 변화부터 시작하세요.

스트레치 존에서 보내는 시간이 길어질수록 '안전 지대'는 넓어지고, 자신감과 자존감이 높아지면서 '스트레스 지대'는 줄어듭니다.

우리는 신중하게 가족 생활에 스트레치 존을 도입했습니다. 아래는 아들에게 지속 가능한 습관을 형성하기 위해 작은 변화를 적용한 사례입니다:

- 집안 쓰레기통 위치를 바꿔 놓음 – 아들이 쓰레기를 버릴 때 쓰레기통을 찾아보도록 훈련시켰습니다.

- 다양한 종류의 신발을 신게 하여 여러 스포츠에 참여하고 다른 날씨에 적응할 수 있도록 했습니다.
- 다른 침실에서 잠을 자게 하여, 휴가나 새로운 환경에서의 잠자리에서 아들이 너무 괴로워하지 않도록 했습니다.

펜실베이니아 대학교 페렐만 의과대학에 따르면, 강박장애를 가진 사람들은 두려워하는 상황에 직면하거나 강박적 생각이 들 때 불안해지며 고통을 줄이기 위해 의식적인 행동을 해야 한다는 강박감을 느낍니다. 의식 예방을 통해 치료사는 의식을 멈추는 법과 불편함을 다루고 관리하는 더 효과적인 방법을 가르칠 수 있습니다.

예를 들어, 레이는 물건들이 깔끔하게 정돈되고 적절한 순서로 배열되지 않으면 견딜 수 없을 만큼 불편해져 정신을 잃고 정신병원에 입원하게 될까 봐 걱정했습니다. 치료 과정에서 레이는 의도적으로 사무실과 침실을 어지럽히고 불편함을 느끼면서도 물건을 제자리에 정리하지 않았습니다. 그 결과, 그의 불편감은 점차 줄어들었고 정신을 잃지 않았습니다. 그는 불안이 반드시 정신 이상을 초래하지는 않는다는 사실을 깨달았습니다.[5]

---

[5] https://www.med.upenn.edu/ctsa/forms_ocd_cbt.html#why, 2024년 1월31일

필요한 일상을 스스로 방해하지 마십시오.

일반적으로 우리는 효과적이고 생산적으로 기능하기 위해 여전히 일상이 필요합니다. 예를 들어 양치질처럼 타협할 수 없는 일상도 있습니다.

식료품을 사러 슈퍼마켓에 가는 것은 피할 수 없는 일상 중 하나다. 종합 온라인 슈퍼마켓이 많지만 가끔은 직접 가서 최상의 선택을 하고 싶을 때가 있습니다.

아들이 아직 갓난아기였을 때면, 어디를 가든 그를 데리고 다녀야 했고, 가장 자주 가는 곳이 바로 슈퍼마켓이었습니다. 가끔씩 사탕을 사 달라며 뛰어다니는 아이 한두 명을 보곤 했는데, 부모들은 "안 돼"라고 말하곤 했습니다. 그러면 아이들은 울음을 터뜨리며 떼를 쓰기 시작했고, 공공장소에서 참 난처한 상황이었습니다.

아들이 자라면서, 제가 장바구니에 식료품을 담는 모습을 지켜보고 있다는 걸 깨달았습니다. 아이도 무언가를 집어 넣곤 했는데, 저는 "안 돼"라고 말했죠. 우리 장보기 목록에 없는 물건들이었으니까요.

아들은 이런 일상이 너무 의욕을 꺾는다고 느꼈습니다. 내가 좋아하는 물건만 살 수 있다는 점이 마음에 들지 않았던 것입니다. 이런 상황이 한동안 계속되었습니다.

그러다 문득 생각했습니다. '왜 아들은 좋아하는 간식을 못 사는데, 나는 원하는 건 다 살 수 있지?' 가족을 위해 필요한 건 모두 내가 사는 건 사실이지만, 아들에게는 단 한 가지조차 고르지 못하는 게 너무나 '불공평'하게 느껴졌습니다. 만약 당신이 그 상황이었다면 어땠을까요?

어떻게 느끼시겠어요? (네, 제가 몰래 초콜릿 바 몇 개를 장바구니에 넣는 걸 들켰답니다!)

그것은 저에게 깨달음의 순간이었고, 그날 이후로 아들이 나와 함께 장보러 갈 때마다 좋아하는 물건 하나를 사도록 허락했습니다.

이 일상이 이제 더 즐거워지고 권력 다툼도 줄었습니다.

자신부터 모범이 되어 자신감 넘치는 아이를 키우세요.

부모로서 우리는 이중 잣대를 피해야 합니다. 우리 아이들은 우리가 위선자인지 아닌지 알게 될 것입니다. 때로는 자기 인식 부족으로 말과 행동의 불일치를 인식하지 못할 수 있습니다. 우리는 진심으로 자신이 표명한 신념에 따라 행동하고 있다고 믿을 수 있습니다.

저에게 신경다양성 아이를 키우는 건 어렵지 않습니다. 오히려 제가 그의 롤모델이 되는 게 더 힘들죠! 아이가 저에게서 배울 수 있도록 하려면, 먼저 제 나쁜 습관들을 모두 버리고 좋은 습관들을 다시 배워야 했습니다.

나 역시 죄책감을 느끼지만, 나는 변화를 어려워하고 항상 안락한 영역을 찾으려 합니다. 하지만 아무리 느리더라도 진전을 이루기 위해 노력하고 있습니다.

제가 배운 것들의 몇 가지 예는 다음과 같습니다:

- 항상 자기 대화를 주시하고, 긍정적 사고를 모델링하며 자기 확언을 실천하세요. 우리는

노력을 칭찬하고, 완벽함보다 진전을 강조하며, 실수를 일종의 학습/경험으로 재구성함으로써 아이들이 긍정적인 사고방식을 키우도록 격려할 수 있습니다. 예를 들어, 새로운 친구를 사귀는 것은 특히 내성적인 아이들에게 어렵습니다. 학교에서 반 친구들에게 "안녕하세요"라는 한 마디로 시작할 수 있습니다. 상대가 응답하지 않아도 괜찮으며, 그 선택을 존중해야 합니다. 아침에는 말하고 싶지 않을 수도 있으니까요.

- 자신의 능력과 의사 결정에 대한 자신감을 보여주세요. 자녀에게 당신이 어떻게 결단력과 낙관적인 태도로 어려움을 극복하는지 알려주세요. 예를 들어, 발목을 삐었을 때 의사가 3개월 동안 매일 발목 물리치료를 하라고 했다고 가정해 보세요. 그 운동을 하기 싫은 마음이 들더라도, 건강을 유지하는 것은 힘든 노력이기 때문에, 그리고 자신의 웰빙을 위해 올바른 선택을 하고 있기 때문에 여전히 그 운동을 하고 싶어 합니다. (자녀 앞에서 그 운동을 하는 모습을 보여주는 것을 잊지 마세요!)

요약하자면, 적응력은 소중한 삶의 기술이며, 작은 변화에 적응하도록 돕는 것은 아이들이 더 자신감 있게 성장하고 성인이 되어 성공할 가능성을 높여줍니다.

16

자기 관리 vs 경계선 물질 남용

"자기 관리"라는 용어가 지나치게 남용된다는 데 동의하실 겁니다. 어디서나 이 말을 듣고 보는 게 짜증나죠. 수백 가지 할 일 목록에 자기 관리 루틴까지 추가하고 싶은 사람이 있을까요? 신경다양성 아이를 둔 부모가 하루를 마무리하며 가장 마지막으로 하고 싶은 일이 아닙니다.

그러나 텍사스 베일러 대학교 학생 웰니스 및 건강 센터에 따르면, 우리는 자기 관리를 주의 분산과 혼동하는 경향이 있습니다.

예를 들어, 방이 어질러지면 스트레스를 받습니다. 어지러운 방에서 벗어나기 위해 *넷플릭스* 드라마를 보며 기분 전환을 할 수 있습니다(자기 관리). 하지만 드라마를 다 본 후에도 방은 여전히 어질러져 있고, 우리는 더 큰 스트레스를 받으며 애초에 치우지 않은 자신을 자책하게 됩니다.

자기 관리가 어수선한 상태를 정리하는 일이라는 사실에 놀라실 겁니다. 자기 관리는 우리 삶에서 스트레스를 제거하고 에너지를 재충전하는 데 도움이 되는 일들을 실천하는 것이 됩니다.

자기 관리와 기분 전환의 차이는 기분 전환 후엔 오히려 기분이 더 나빠지거나 똑같다는 점입니다. 자기 관리를 한 후엔 기분이 좋아지고 활력이 넘치게 되죠.[1]

또 다른 놀라운 예는 (논란의 여지가 있을 수 있지만) 2023년, 배우자와 함께 유언장을 작성한 것입니다. 두 명의 증인이 서류를 확인해 주었을 때 엄청난 안도감이 밀려왔습니다. 이는 제 아이와 제 삶을 위해 한 가장 훌륭한 일 중 하나였습니다.

LegalShield의 2022년 설문조사에 따르면, 미국 성인의 54%가 유언장이나 신탁을 마련하지 않은 상태입니다. 그러나 이를 마련한 사람들은 그렇지 않은 사람들에 비해 권한 부여와 자신감 같은 긍정적 감정을 느낄 확률이 두 배, 유언장 마련에 대한 행복감을 느낄 확률은 세 배 높았습니다. 반면 유언장이 없는 사람들은 유언장이 있는 사람들보다 불확실성, 슬픔, 두려움, 스트레스 같은 감정을 느낄 확률이 두 배 높았습니다.

LegalShield 제공 법률 사무소인 DSK Law의 노먼 내쉬는 "대부분의 사람들은 유언장 작성이 현명하고 책임감 있는 행동임을 이해하지만, 종종 자기 관리의 한 형태로 간과한다"고 말합니다.[2]

자기 관리를 바라보는 또 다른 관점은 당신이 원하는 것

---

[1] https://counselingcenter.web.baylor.edu/additional-resources/self-care#:~:text=Self%2Dcare%20is%20an%20often,inner%20selves%20to%20our%20bedroom., /, 2024년 2월 8일 .

[2] https://fortune.com/well/2022/09/07/writing-your-will-as-a-form-of-self-care/, 2024년 2월 11일 .

(예를 들어, 자신을 돌보고 가꾸는 것)을 하는 것이 아니라, 인간으로서 당신에게 필요한 것을 하는 것입니다.

자기 관리는 필라테스 수업에 등록하는 것만큼 매력적이지는 않지만, 예를 들어 가계 예산을 새로 세우는 것과 같이 장기적으로 자신을 돌보는 데 훨씬 더 효과적인 방법입니다.

자기 관리에는 실제 과학이 뒷받침됩니다. 아래 그림 4는 매슬로의 인간 욕구 계층 구조의 다섯 가지 수준을 보여줍니다.

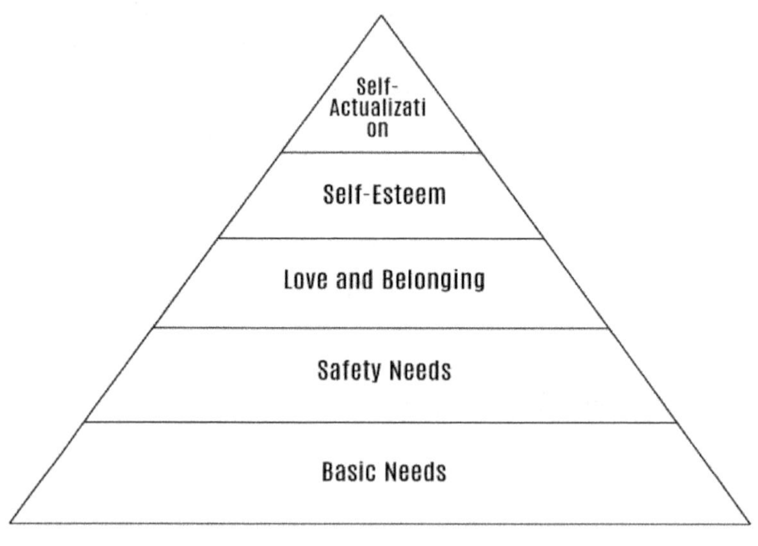

그림 4: *매슬로의 인간 욕구 계층 구조.*

이 계층 구조의 하위에서 상위로 올라가며 살펴보면, 나의 기본적 욕구가 충족되었는가? (가장 중요함)

기본적 욕구는 인간의 생존을 위한 생물학적 요구 사항입니다.

우리는 스스로에게 다음과 같은 질문을 던져볼 수 있습니다:

- 충분한 양질의 수면을 취하고 있는가?
- 다양한 영양가 있는 식단을 섭취하고 있는가?
- 매일 충분한 물을 마시고 있는가?
- 신선한 공기를 충분히 마시고 있는가?

이 모든 것들이 당연해 보이지만, 이러한 필요 사항이 충족되지 않으면 우리는 최상의 상태로 기능할 수 없습니다. 예를 들어, 팬데믹 기간 동안 서호주(WA)는 여행객들에게 14일간의 호텔 격리를 시행했습니다. 호주 의학 협회 WA 지부장 앤드류 밀러 박사는 한 여성이 자신의 경험을 "트라우마적"이라고 묘사한 후 호텔 격리에서 탈출했다가 경찰에 발견된 사건을 언급하며, 호텔 격리 시스템이 사람들이 탈출을 시도하지 않도록 신선한 공기를 제공할 수 있도록 더 "인도적"이어야 한다고 말했습니다.[3]

그 다음 단계로 넘어갈 수 있습니다. 우리의 안전 욕구가 충족되고 있는가?

- 내 집과 지역사회 안에서 안전함을 느끼고 있습니까?
- 일이 너무 힘들어질 때 집중할 수 있는 활동이나 사람들이 있습니까?

이것이 우리의 싸움 또는 도피 반응입니다. 항상 조심스럽게 행동하고 있습니까?

---

[3] https://www.theguardian.com/australia-news/2020/dec/28/wa-doctors-call-for-more-humane-quarantine-with-access-to-fresh-air-after-woman-flees, 2024년 2월 15일.

다음 단계는 사랑과 소속감, 즉 우리의 사회적 욕구입니다.

- 내 문제를 털어놓을 수 있는 사람이 있습니까?
- 주변 사람들이 내 모습 그대로를 받아들여 준다고 느낍니까?

이것이 우리가 사랑하는 사람들과 유지하는 건강한 관계입니다.

다음 단계는 자존감을 추구하는 개인입니다.

- 지위, 평판, 성취 등을 통해 타인의 인정, 존중, 존경을 받고자 하는 욕구입니다.

이제 피라미드의 최상층인 자기실현에 도달합니다.

- 나는 내 자신의 최상의 모습입니까?[4]

우리는 자기 관리가 우리에게 무엇인지 살펴보고, 인간의 욕구 중 최소한 첫 세 단계(아래부터)를 충족시켜야 합니다. 그리고 자기 관리가 숨 쉬는 것만큼이나 쉬울 수 있다는 점을 당연하게 여겨야 합니다.

압도적인 상황에서 효과적인 호흡법.

모든 것이 무너져 내리는 듯할 때, 잠시 멈추고 숨을 고르는 것이 중요합니다.

---

[4] https://slowself.co/the-5-levels-of-true-self-care/, 2024년 2월 4일 .

박스 호흡은 심오한 이점을 가져다주는 간단한 호흡 기법입니다. 사실, **세계에서 가장 강인한 군인들 중 일부인 미 해군 특수전전단(SEALs)도 고강도 스트레스 상황에서 이 기법을 사용합니다**.

"사각 호흡" 또는 "네모 호흡"으로도 알려진 이 통제된 호흡법은 인도에서 유래한 아유르베다 호흡법인 프라나야마를 기반으로 합니다.

박스 호흡은 단순히 산소를 들이마시고 이산화탄소를 내뱉는 것 이상입니다. 신체 건강을 지원하면서 정신적으로 진정시키는 데 도움이 되는 간단한 마음챙김 기법입니다.[5]

박스 호흡법

4초 동안 숨을 들이쉬세요: 폐가 가득 차는 것을 느끼며 깊게 숨을 들이쉬고 천천히 4까지 세세요. 몸에 에너지를 끌어들이는 것을 상상하세요.

숨을 멈춥니다. 숨을 들이쉰 상태로 4초간 더 유지합니다. 처음에는 어색할 수 있지만, 연습하면 점점 자연스러워집니다.

천천히 내쉬기: 4초 동안 숨을 내쉬되, 공기를 한 번에 내뿜지 말고 꾸준히 내뱉으세요. 숨을 내쉴 때마다 모든 스트레스와 걱정이 몸에서 빠져나가는 것을 상상하세요.

다시 숨을 멈춥니다: 4초 동안 숨을 멈춥니다. 이 멈춤은 몸에 또 다른 '박스' 또는 주기가 시작될 것임을 알립니다.

---

[5] https://www.calm.com/blog/box-breathing#:~:text=Box%20breathing%202024년 2월 4일 .

한 마음챙김 강사가 학생들에게 공유한 이야기로, 어느 날 밤 혼자 자는 것을 두려워하던 여섯 살 딸과 함께 박스 호흡을 했다고 합니다(침대 밑 괴물 이야기가 무서웠던 거죠). 딸은 단 일곱 번의 호흡 주기 만에 잠이 들었습니다.

자기 관리에는 번아웃을 방지하기 위해 자신이 감당할 수 있는 정도를 주의 깊게 살피는 것도 포함됩니다.

예를 들어, 휴대폰을 100% 완전히 충전한 날은 하루 종일 이메일에 답장하고 전화를 받으며 매우 생산적인 하루를 보낼 수 있습니다. 하지만 어떤 날은 전날 밤 충전하는 걸 깜빡해 아침에 배터리 40%로 깨어나기도 합니다. 이럴 땐 답장할 이메일을 선별하고 꼭 필요한 전화만 받아야 합니다. ("죄송해요, 카렌. 지금 당신 햄스터가 휠에서 벗어난 이야기는 못 해요.") 괜찮습니다. 오늘 밤 집에 도착해 휴대폰을 다시 충전하면 리셋하고 다시 따라잡을 수 있으니까요.

"배터리가 40%밖에 안 되는 날, 네가 40%만 줬다고 해도. 넌 100%를 준 거야."

—짐 콰이크

때로는 선의로 술을 마시다가, 어느 순간 그게 아니게 되기도 합니다.

일부 사람들은 음주가 긴장을 풀고 일시적으로 기분을 개선시켜 주는 자기 관리의 선호하는 방법이라고 생각합니다.

알코올은 뇌의 여러 부분에 복잡한 영향을 미칩니다. 알코올은 뇌의 화학 전달물질, 특히 신경전달물질인 GABA(감마-아미노부티르산)와 상호작용합니다. 이로 인해 뇌 활동이 감소합니다.

소량의 알코올은 일부 사람들에게 편안함을 느끼게 하고 불안을 줄일 수 있습니다. GABA 신경세포는 특정 뇌 영역의 신경 활동을 감소시켜 이완과 수면 유도를 촉진함으로써 수면을 촉진합니다.

그러나 한국가정의학회에서 발표한 2015년 연구 *'알코올이 수면의 질에 미치는 영향'에* 따르면, 알코올 섭취는 수면 주기 초기에 깊은 수면을 유도할 수 있습니다. 그러나 수면이 더 오래 지속될 경우, 느린파수면과 렘수면 반동 현상으로 인해 전반적인 수면의 질이 저하될 수 있습니다.[6]

기억하세요, 양질의 수면은 기본적인 필요 사항입니다. 따라서 한 잔이든 여러 잔이든, 잠자리에 들기 전에 몸이 알코올을 완전히 처리할 때까지 기다리는 것이 가장 좋습니다. 일반적으로, 잠자리에 들기 4시간 전에는 음주를 피하도록 노력하세요.[7]

---

[6] https://www.ncbi.nlm.nih.gov/pmc/articles/PMC4666864/#:~:text=In%20a%20laboratory%20study%20in,half%20of%20the%20sleep%20cycle, /, 2024년 2월 5일 .

[7] https://www.verywellhealth.com/wait-between-alcohol-sleep-3014979#:~:text=Whether%20you%20have%20had%20one,your%20overall%20quality%20of%20sleep, /, 2024년 2월 13일 .

또 다른 예는 작가 수잔 케인의 이야기에서 나온다. 그녀의 저서 *『조용한 사람들: 말하기를 멈출 줄 모르는 세상에서 내향적인 이들의 힘』*에서 그녀는 거의 10년 전 큰 연설을 해야 했던 때를 회상합니다. 그녀의 머릿속은 끔찍한 '만약에'라는 가정들로 가득했습니다. 당시 남자친구(지금은 남편)가 베일리스 아이리쉬 크림으로 가득 채운 스포츠 물병을 건넸다. 수잔은 술을 많이 마시는 편은 아니지만, 초콜릿 밀크셰이크 맛이 나는 베일리스를 좋아했습니다.

강당 화장실에 도착해 칸막이 안에서 그녀는 물병을 들이켰다. 잠시 가만히 서서 술이 효과를 발휘하기를 기다렸다. 하지만 아무 일도 일어나지 않았다. 여전히 공포에 질려 있었습니다. 한 모금 더 마시고 싶었지만, 아니, 아침 9시였다. 만약 입에서 술 냄새가 난다면?[8]

수잔의 연설 전 불안감에 공감하며, 그녀를 진정시키려는 남편의 선의를 이해합니다. 수잔 케인이 당시 유명인사였음에도, 긴장을 풀기 위해 술을 마시는 엄마들을 비난하지 않는다. 다만 알코올에 의존하는 것은 지속 가능하지 않으며, 불안감을 극복할 더 나은 방법이 있어야 한다는 점을 이해하는 것이 중요합니다.

낮술을 즐기는 엄마들에 관한 이야기.

이제 알코올은 온갖 주간 활동에 동원됩니다. 책 모임, 아이 놀이 약속, 엄마 모임 등 수많은 일상 활동에 술이 섞여 있습니다.

---

[8] Cain, S. (2013). *Quiet: The Power of Introverts in a World That Can't Stop Talking.* Crown Publishing Group/Random House, Inc.

맥주와 함께하는 요가, 트럭 뒤에 실린 맥주통을 따라 결승선까지 달리는 마라톤 등이 그 예입니다. 그리고 이런 행사들은 모두 소셜 미디어에 광고되는데, 엄마들이 많은 시간을 보내는 곳이 바로 그곳이죠.

저녁을 준비할 때면 몸의 기억이 술잔을 가득 채우게 합니다. 전자레인지에 음식을 넣거나 냉동 식품을 그대로 트레이에 올리는 동안 홀짝입니다. 잔을 채우면 음식이 조금 덜 싫어집니다. 아이들의 말다툼도 덜 날카롭게 들립니다. 분주함과 경쟁은 모두 느려지고 사라집니다. 숨을 내쉽니다. 편안함을 느끼기도 합니다.

낮술을 마시는 것에 대한 변론 – 모두가 한다면 그게 문제일까?[9]

"모성애: 사랑으로 움직이고, 커피로 연료를 공급받으며, 와인으로 지탱된다."

—로렌 페란티-발렘

친구가 한 명 있는데, 메리라고 부르겠습니다. 메리는 신경다양성을 가진 아이들의 초등학교 근처에서 전업주부로 살고 있습니다. 학기 중에는 우리 학교 엄마 친구들 중 일부가 가끔 아이들을 학교에 데려다 준 직후 메리 집에서 만나곤 합니다. 부엌 찬장에서 와인 몇 병을 발견하는 건 흔한 일입니다.

메리가 자신의 음주 습관과 제 습관을 재고하게 만든 사건을 이야기해줬습니다.

---

[9] https://www.todaysparent.com/family/parenting/why-mommy-drinks/,2024년 2월 7일 .

우리의 공통 친구인 "제스"는 신경다양성 아이를 학교에 보내느라 힘든 아침을 보내고 있었습니다. 아이를 학교에 보낸 후, 메리는 제스가 달랠 수 없을 정도로 울고 있는 모습을 보고 안타까웠습니다. 메리는 그녀가 진정할 수 있도록 자기 집에 오라고 제안했습니다.

도착하자마자 제스는 와인 한 잔을 마셔도 되겠냐고 물었습니다. 오전 열 시였습니다.

메리는 오후 3시 하교 시간까지 시간이 충분하니 한 잔 정도는 괜찮을 거라 생각했습니다.

그녀는 전혀 몰랐지만, 그것은 끔찍한 생각이었습니다. 제스는 술을 마신 후 매우 감정적이 되었고, 마셔야 할 양보다 훨씬 빠르게 술을 마셨습니다. 메리는 제스가 술을 마시는 것을 막지 못했고, 심각성을 깨닫기도 전에 제스는 아이를 학교에서 데리러 갈 수 없을 정도로 취해 있었습니다. 결국 메리는 제스에게 (직장에 있던) 배우자에게 전화해 자신과 아이를 학교에서 데리러 오도록 설득해야 했습니다.

예상하셨겠지만, 메리와 제스의 배우자에게는 어색하고 불쾌한 장면이었습니다.

다음날 제스는 사과했지만, 그 사건은 그날 메리(그리고 저)에게 경각심을 불러일으켰습니다. 음주는 사람마다 다른 반응을 보이며 순식간에 악화될 수 있습니다.

그날 이후로 메리는 다시는 술을 대접하거나 낮에 술을 마시지 않았습니다.

호주에서는 약물과 알코올 사용이 흔합니다. 예를 들어, 세 명 중 한 명은 위험한 수준의 음주를 한다고 보고합니다.

누군가의 약물이나 알코올 사용에 도움이 필요한지 어떻게 알 수 있을까요?

다음과 같은 결과가 초래된다면 약물이나 알코올을 오용하고 있을 수 있습니다:

- 학교나 직장에서 따라가기 어려움
- 관계나 가족 문제
- 법적 또는 재정적 어려움
- 부상 – 예를 들어, 약물이나 알코올 사용 후 발생한 사고나 폭력으로 인한 부상

약물이나 알코올을 사용하는 사람을 알고 있다면, 다음과 같은 경우 문제가 발생할 위험이 있을 수 있습니다:

- 사용량을 줄이거나 사용을 중단하기 어렵다고 느끼며
- 마약이나 알코올을 구하거나 사용하려고 많은 시간을 보냄
- 시간이 지남에 따라 점점 더 많은 양의 물질 사용
- 시간이 지남에 따라 물질 사용 빈도가 증가함
- 약물이나 알코올을 중단하거나 줄일 때 불쾌한 증상("금단 증상"이라 함)이 나타남.[10]

---

[10] https://www.healthdirect.gov.au/help-someone-who-is-misusing-drugs-or-alcohol, 2024년 2월 14일 .

또한 음주 시 일시적으로 기분이 좋아지는 현상을 오해하기도 했습니다. 저는 예전에 커피를 많이 마셨습니다. 낮에는 깨어 있으려고 지나치게 많은 커피를 마셨고, 밤에는 잠들기 위해 술을 마셨습니다.

하지만 지금은 다른 형태의 자기 관리를 실천하고 있습니다. 매일 비슷한 시간에 일어나고, 일기를 쓰기 시작했으며, 책을 읽습니다. 책을 읽을 때는 TV처럼 빨리 감기가 불가능하고, 철자 실력만큼만 쓸 수 있기 때문에 자연스럽게 속도가 느려집니다.

이 경험은 바쁜 일상 속에서 속도를 늦추는 법을 가르쳐 주었습니다. 어떤 자기 관리 루틴을 정하든, 그에 대해 누군가에게 이야기할 때 기분이 좋아지고 스스로 자랑스러워해야 합니다. 자기 관리는 (전혀) 죄책감이나 부끄러움, 후회를 느끼게 해서는 안 됩니다.

17

체벌: 때려야 할까, 말아야 할까

"아이가 아이를 때리면 우리는 그것을 공격성이라고 부릅니다.
아이가 어른을 때리면 우리는 그것을 적대감이라고 부릅니다.
어른이 어른을 때리면 우리는 그것을 폭행이라고 부릅니다.
어른이 아이를 때리면 우리는 그것을 훈육이라고 부릅니다."

—하임 기노트

때리거나 엉덩이를 때리는 등의 체벌은 수십 년간 양육에서 논란의 대상이 되어왔다.

안타깝게도 호주 가족 연구소(Australian Institute of Family Studies)에 따르면, 아이를 때리는 것은 여전히 합법적인 처벌 방법입니다:

"1924년 형법(제50조)에 따르면 부모가 자녀에게 가하는 신체적 처벌은 여전히 합법입니다. 해당 조항은 '부모 또는 부모 역할을 하는 자가 양육 중인 자녀에게 상황에 비추어 합리적인 범위 내에서 교정 목적으로 어떤 형태의 물리적 힘을 사용하는 것은 합법입니다'라고 명시하고 있습니다."[1]

아동 신체적 처벌에 관한 증거는 무엇을 말해 주는가?

국제적으로 2~14세 아동의 약 60%가 보호자로부터 신체적 처벌을 경험합니다(유니세프, 2014).

호주에서는 신체적 처벌 사용에 대한 불완전한 그림이 존재합니다(Durrant 외, 2020). 호주 부모의 50%에서 80% 사이가 자녀 훈육을 위해 신체적 처벌을 사용한다고 보고합니다(Poulsen, 2019).

호주 부모들의 태도에 대한 설문조사에서는 다음과 같은 점을 지적합니다:

- 대다수(80%)는 어린 시절 신체적 처벌을 경험

  (Relationships Australia, 2017).
- 약 절반(51%)은 자녀에게 신체적 훈육을 사용하는 것이 절대 용납될 수 없다고 믿습니다(Rhodes, 2018).

호주 부모들은 신체적 처벌에서 합리적이고 허용 가능한 범위가 어디까지인지, 학대의 경계선이 어디인지에 대해 종종 불확실해합니다.[2]

---

[1] https://aifs.gov.au/resources/resource-sheets/physical-punishment-legislation#:~:text=Physical%20punishment%20by%20a%20parent%20towards%20a%20child%20remains%20lawful, 2024년 2월 19일 .

[2] https://aifs.gov.au/sites/default/files/publication-documents/2107_physical_punishment_resource_sheet_0.pdf, 2024년 2월 25일

체벌이 문제를 해결해 줄 것이라고 생각하기 쉽습니다.

자녀를 때리는 것은 쉽습니다. 아이는 당신보다 훨씬 작고, 반항할 수도 없으며, 무력하고, 당신의 음식과 보호에 의존하고, "교훈을 주는 것"이기 때문에 아무도 개입하지 않을 것입니다.

축하합니다, 당신은 방금 아이의 첫 번째 괴롭힘 가해자가 되었습니다.

Mothership Singapore에 따르면, 2020년 3월 29일, 한 싱가포르 엄마가 여섯 살짜리 딸을 위해 지팡이를 사러 나갔다가, 구부러지고 약간 휘어진 지팡이를 들고 집으로 돌아왔습니다.

알고 보니 가게의 지팡이는 모두 매진된 상태였습니다.

점원은 또한 지난주 [코로나19] 재택근무 조치가 시행된 이후 지팡이가 역대 최고 판매 품목이었다고 그녀에게 말했습니다.

그 엄마는 *인스타그램 스토리에* 모든 부모가 같은 처지라고 농담을 했습니다.

지팡이가 동난 가게는 그곳뿐만이 아니었습니다.

그 엄마는 일주일 전부터 직장 근처에서 지팡이를 찾아다녔다. 다른 점원도 그때 재고가 없다고 말했습니다.

나중에 이 엄마는 지팡이를 주로 위협용으로 사용한다고 밝히며 다른 부모들에게 아이들을 학대하지 말라고 당부했습니다.[3]

---

[3] https://mothership.sg/2020/04/canes-sold-out-work-from-home/, 2024년 2월 23일 .

이 이야기가 웃기다고 생각하지 않습니다. 누군가 지팡이를 들고 당신을 위협한다면 어떤 기분이 들겠습니까?

또 다른 가슴 아픈 사건으로, 2022년 1월 쌍둥이 아들을 살해한 싱가포르 남성이 국가를 충격에 빠뜨린 비극 속에서 14년 형을 선고받았습니다.

아버지는 자폐증을 가진 11살 난 두 아들을 아내가 포기했다고 느꼈기 때문에 그랬다고 주장했으며, 아이들을 죽이는 것이 아내의 짐을 덜어줄 것이라고 생각했다고 말했습니다.

아내의 기대는 아이들의 특별한 필요를 받아들이지 못할 뿐만 아니라, 아이들이 정상적인 아이들처럼 행동하길 바라는 비현실적인 수준으로까지 높아졌습니다.

"아이들이 기대에 부응하지 못할 때마다 체벌과 꾸지람이 일상화되고 있었습니다"라고 말했습니다.[4]

신경다양성 아동에게 체벌은 효과가 없다.

우리가 어렸을 때, 양육은 아이들은 보이지만 말하지 말아야 한다는 믿음에 기반했습니다. 아이들은 말대꾸 없이 지시받은 대로 해야 했습니다.

---

[4] https://www.channelnewsasia.com/singapore/father-admits-killing-twin-sons-upper-bukit-timah-greenridge-crescent-playground-3697706#:~:text=Singapore-,Upper%20Bukit%20Timah%20killings%3A%20Father%20sentenced%20to%2014%20years'%20jail,would%20%22부담을 덜어줄%22%20것%20이라고, 2024년 2월 25일 .

때리고, 소리 지르고, 수치심을 주는 것은 많은 가정에서 허용되는 훈육 전략이었습니다. 안타깝게도 가장 많은 처벌을 받은 아이들은 진단받지 못한 신경다양성을 가질 가능성이 더 높았습니다.

수십 년간 *정신질환 진단 및 통계 매뉴얼(DSM)*은 이러한 신경발달 차이의 가장 전형적인 증상만 포함해 왔습니다. 이는 비전형적 증상을 보이는 수많은 아이들이 평생 진단받지 못한 채 살아왔고, 현재 성인 진단 사례가 급증하는 이유를 설명해 줍니다.

우리 세대는 [이제] 신경다양성 아이들을 키우는 데 훨씬 더 잘 준비되어 있습니다. 연구를 통해, 그리고 아마도 우리 부모님의 전략을 직접 경험해 본 결과로도 알 수 있듯이, 전통적인 훈육 방법은 신경다양성 아이들에게 효과가 없습니다.

모든 아이들은 전전두엽 피질과 실행 기능이 미성숙하다는 점을 기억하는 것이 중요합니다. 미국 신경심리학자 러셀 바클리 박사에 따르면, ADHD는 이 발달에 약 30% 정도 상당한 영향을 미칩니다.

이는 5세 아동이 3세 반 아동 수준의 실행 기능을 가질 수 있음을 의미합니다. 이를 인지하면 기대치를 적절히 설정하는 데 도움이 될 수 있습니다.[5]

---

[5] https://keywell.com.au/resources/articles/traditional-discipline-doesnt-work-for-neurodivergent-kids/#:~:text=The%20old%20carrot%20(rewards)%20and,and%20the%20world%20around%20them, 2024년 2월 25일 .

연구 과정에서 성인기에 신경다양성 진단을 받은 두 명의 (백인) 성인과 이야기를 나눴습니다. 두 사람 모두 어릴 때 아버지에게 체벌을 받았습니다.

이는 주로 그들이 아무리 하지 말라고 해도 자신의 행동을 멈출 수 없었기 때문입니다. 그들은 자신의 행동을 통제할 수 없었고, 아버지는 그들의 말을 믿지 않았습니다. 가족은 점점 멀어졌고, 성인이 되어 신경다양성 진단을 받기 전까지 그들은 자신의 행동 방식이 자신의 잘못이 아니라는 사실을 깨닫지 못했습니다.

아이들은 때리면 당장 행동을 멈출 수 있지만, 체벌은 장기적으로 아이들이 올바르게 행동하도록 돕지 못합니다.

그 이유는 체벌이 아이들이 다음을 배우는 데 도움이 되지 않기 때문입니다:

- 감정을 안전하게 조절하는 법 – 예를 들어, 좌절감을 느낄 때 이를 인지하고 그 감정에 어떻게 대응할지 결정하기
- 적절하게 행동하기 – 예를 들어, 공원에서 놀 때는 소리를 지르는 것이 괜찮지만 다른 사람들이 있는 실내에서는 그렇지 않을 수 있다는 점을 이해하기
- 더 긍정적으로 반응하기 – 예를 들어, 실수를 숨기려 하기보다 실수를 인정하고 도움을 요청하기

체벌, 특히 때리는 행위는 의도치 않게 특정 행동을 조장하거나 악화시킬 수 있습니다. 이는 때리는 행위가 일종의 관심 표현이기 때문입니다. 또한 이는 강한

정서적 반응이며 종종 밀접한 신체 접촉을 수반합니다. 아이들은 관심을 필요로 하며, 불쾌한 관심이라 할지라도 관심을 끌기 위한 행동을 할 가능성이 더 높습니다.[6]

체벌은 아이들에게 안전하지 않습니다. 부모가 기존 방법이 효과가 없을 때 점점 더 심한 처벌을 사용하게 되기 때문입니다. 이는 아동 학대로 이어질 수 있습니다.

신체적 힘을 사용하는 대부분의 사람들은 어릴 적 그 힘을 직접 경험한 사람들입니다. 2016년 연구인 *'체벌과 아동의 결과: 오래된 논쟁과 새로운* 메타분석'에 따르면, 신체적 처벌을 받은 아이들은 성인이 되어서도 그 관행을 반복할 가능성이 더 높으며, 이는 정상적일 뿐만 아니라 아이를 제대로 키우기 위해 필요하다고 믿기 때문입니다.[7]

미국소아과학회(AAP)의 공식 입장과 정면으로 배치되는 이런 종류의 체벌을 여전히 지지하는 극소수 소아과 의사들조차도 대부분 어린 시절 체벌을 경험한 이들입니다.[8]

---

[6] https://raisingchildren.net.au/toddlers/behaviour/discipline/smacking,2024년 2월 19일 .

[7] https://www.ncbi.nlm.nih.gov/pmc/articles/PMC7992110/#R37, 2024년 2월 22일 .

[8] https://pubmed.ncbi.nlm.nih.gov/29894363/, 2024년 2월 22일 .

호주에서 가정 폭력을 경험하는 아동의 약 30%는 장애를 가진 아동입니다.

ANROWS(*호주 여성 안전 국가 연구 기관*) 보도 자료에 따르면, 플린더스 대학의 샐리 로빈슨이 주도한 연구는 장애 아동 및 청소년이 가정 및 가족 폭력(DFV)을 경험하는 사례가 널리 퍼져 있음을 입증합니다. 장애 아동은 DFV 경험에 대한 긴급한 정책적 관심과 트라우마에 대한 이해를 바탕으로 한 대응이 필요합니다.

본 연구인 *'점들을 연결하다:* 부문 *내외에서 장애 아동 및 청소년의 DFV 경험 이해하기'는* 아동, 가족 및 종사자들의 관점을 분석하여 그들의 우선순위와 서비스 요구를 파악합니다. 이 연구는 정책과 시스템이 어떻게 아동 중심적 접근을 강화하여 DFV를 경험하는 장애 아동을 위한 더 나은 대응책을 마련할 수 있는지 제시합니다.

서호주 주 연계 데이터 분석을 포함한 이 새로운 연구에 따르면, 가정 폭력을 경험하는 아동의 약 30%가 장애 아동인 것으로 나타났습니다.

장애 아동은 비장애 아동에 비해 아동 보호 시스템과 접촉하거나 가정 외 보호 시설에 입소할 가능성이 훨씬 높았으며, 가정폭력 폭행으로 인해 어머니가 입원할 가능성도 두 배나 높았습니다(8% 대 4%).

가정폭력 피해 장애 아동을 위한 서비스에 숙련된 지원이 부재한 상황에서, 연구진은 아동이 필요한 지원을 받기 위해서는 가족과 지원 전문가들의 상당한 옹호와 끈질긴 노력이 필요하다는 점을 발견했습니다.[9]

신고의 어려움.

신경다양성 개인이 일상 상황에서 자신을 표현하는 데 겪는 어려움은 학대를 신고하려 할 때 더욱 악화될 수 있습니다. 미국 자폐증 협회에 따르면, 자폐 스펙트럼 장애를 가진 사람들은 "예"와 "아니오"로만 답변하는 경향이 있어 학대에 대한 증언을 확보하기 어렵습니다. 그들은 "불안이나 좌절감이 극심해질 때 인지 능력이 저하될 수 있습니다."

스펙트럼에 속한 사람들은 경찰이나 응급 의료진의 제복, 배지, 차량을 알아보지 못하는 경우도 있습니다. 감각 자극의 과잉도 도전 과제가 될 수 있습니다. 당국에 학대를 신고하는 과정에는 사이렌 소리, 빠른 질문, 의료 검사 등 위협적이고 자극적인 요소들이 수반될 수 있습니다.

---

[9] https://www.anrows.org.au/media-releases/approximately-30-of-children-who-experience-domestic-and-family-violence-are-children-with-disability/, 2024년 2월 25일 .

이것이 바로 법 집행관들이 신경다양성을 가진 개인을 대하는 데 더 많은 훈련이 필요한 여러 이유 중 하나입니다.[10]

"나도 어릴 때 맞았는데 아무 문제 없었어"라는 주장.

호주에서 가장 신뢰받는 육아 전문가 중 한 명이자 채널 나인의 *'Parental Guidance'* 공동 진행자 겸 육아 전문가, *happyfamilies.com.au* 설립자인 저스틴 콜슨 박사가 TV 프로그램에 출연해 체벌 금지법 제정 여부를 논의했습니다. 진행자는 시청자 투표 결과를 발표했습니다.

저스틴 박사는 편안하게 자리에 앉아 있었습니다. *물론 금지해야지!*

그러나 여론조사 결과는 그를 깜짝 놀라게 했습니다. 응답자의 압도적 다수가 해당 질문에 '아니오'라고 답한 것입니다.

과학적인 여론조사는 아니었지만, 이로 인해 논의의 심각성이 줄어들지는 않았습니다. 수천 건의 투표가 전화, 문자, 소셜 미디어, 프로그램 웹사이트를 통해 집계되었습니다.

대부분의 메시지는 한 가지 반복되는 주제를 중심으로 했습니다: "저는 어릴 때 맞았지만, 잘 자랐습니다."

---

[10] https://breakthesilencedv.org/the-autism-spectrum-and-abuse/, 2024년 2월 25일 .

이해가 되시죠? 우리 중 많은 이들이 이렇게 생각합니다. "내가 그런 일을 겪었는데 아무 문제 없었으니, 분명 다른 사람들도 괜찮을 거야."

이 말을 듣는 방식은 무수히 많습니다.

"나는 안전벨트를 매지 않았지만, 다친 적 없어요."

"10대 때 술을 마셨는데 뇌에 손상 없었어."

"우리 할머니는 12살 때부터 담배를 피우셨는데 90대에 돌아가셨어 - 노환으로!"

"나는 아무 문제 없이 잘 자랐어"라는 주장은 흔합니다. 이는 개인적 경험을 바탕으로 무엇이 효과가 있고 없는지 안다는 뜻이죠.

하지만 이 주장은 치명적인 결함을 지니고 있습니다.

이것은 일화적 오류로 알려진 것입니다. 간단히 말해, 이 오류는 "나는 (내가 알기로는) 부정적인 영향을 받지 않았으니, 모두에게 괜찮을 것이다"라고 주장합니다. 우리는 단 한 명의 표본 크기에 의존하고 있습니다. 우리 자신이나 아는 누군가. 그리고 우리는 그 결과를 모두에게 적용하고 있습니다.

이 경우 자서전적 정보는 쉽게 접근할 수 있습니다. 이미 머릿속에 있기 때문입니다. 우리는 어릴 때 맞았지만 잘 자랐으니, 때리는 것이 아무도 다치게 하지 않는다고 생각합니다. 그러나 연구에 따르면 이러한 인지적 편향은 이용 가능한 모든 정보를 바탕으로 정확한 결정을 내리는 것을 방해할 수 있습니다. 이는 우리의 편견을 보지 못하게 합니다.

이는 잘 입증된 과학적 증거를 무시합니다. "*나는 괜찮게 자랐어*"라는 말은 증거에 기반한 다른 관점을 오만하게 일축하는 것입니다. 이는 다른 관점에 대한 고려나 대화를 전혀 요구하지 않습니다.

이 주장은 대화를 차단하고, 더 나은 대안이 있을 수 있음에도 이를 외면한 단일 관점을 고착시킵니다. 일화적 증거는 종종 과학적 결과를 훼손하여 우리에게 해를 끼칩니다.

체벌을 받은 모든 아이가 나쁘게 자라지는 않는다는 건 사실입니다. 그러니 만약 당신이 이 범주에 속한다면, "나는 체벌을 받았지만 괜찮게 자랐다"고 말할 수 있을 것입니다. 마찬가지로, 체벌을 단 한 번도 받지 않은 아이들 중 일부는 분명히 괜찮지 않을 것이라는 점도 사실입니다.

그러나 과학적 연구는 어린 시절 체벌을 받은 경우 부정적 결과 발생 가능성이 높아진다는 점을 분명히 보여줍니다.

우리는 아이들의 매일의 성장을 볼 수 없는 것처럼, 그 결과들을 볼 수 없습니다. 이런 근거로 아이를 때리는 것이 용납될 수 있다고 주장하는 것은 일화적 사례에 휘둘리고, 우리가 가진 인지 편향에 의존하며(그로 인해 반대되는 광범위한 데이터를 모두 무시하게 됨), 다른 관점을 배제하고, 도전적인 아이디어와 맞서며 배우고 발전하는 데 실패하는 것을 의미합니다.

> **우리는 아이들이 성장하면서 사고의 학습과 발전을 받아들이길 기대합니다. 아이들도 우리에게서 똑같은 것을 기대할 자격이 있습니다.**[11]

---

[11] https://www.nytimes.com/2018/11/27/well/family/the-fallacy-of-the-i- turned-out-fine-argument.html, 2024년 2월 25일 .

저는 아들을 때린 적이 없으며 앞으로도 절대 그러지 않을 것입니다. 부모들이 자녀를 때린 것을 후회한다는 말만 들어왔을 뿐, 때리지 않은 것을 후회한다는 부모의 말은 들어본 적이 없습니다.

요약하자면, 광범위한 연구에 따르면 처벌 기반 훈육은 효과가 없습니다. 대신 긍정적 강화와 사전 예방적 전략이 신경다양성 아동의 삶의 모든 측면을 지원하는 데 훨씬 더 효과적입니다.

긍정적 강화가 작동하는 방식.

매사추세츠 주 보스턴 소재 노스이스턴 대학교의 임상사회복지사이자 심리치료사, 강사인 에이미 모린은 *베리웰 패밀리에* 기고한 글에서 예를 들어 이렇게 말했습니다. 대부분의 성인은 월급을 받기 위해 출근합니다. 월급은 출근의 주요 긍정적 결과이며, 그 긍정적 강화가 계속 일하도록 동기를 부여합니다.

어른들처럼, 좋은 일에 대해 긍정적 강화를 받는 아이들도 계속 열심히 일할 동기를 얻습니다.

긍정적 강화는 반드시 물질적 보상이 필요하지 않습니다. 장려하고 싶은 행동을 강화하는 방법은 다양하며, 무료 또는 저렴한 보상 옵션을 활용할 수 있습니다.

다음과 같은 방법으로 아이의 행동을 긍정적으로 강화할 수 있습니다:

- 박수와 응원
- 하이파이브 하기
- 포옹하거나 등을 토닥여 주기
- 엄지척 해주기
- 함께 게임하거나 책을 읽는 등 특별한 활동을 제안하기
- 칭찬하기
- **아이가 듣고 있을 때** 다른 어른에게 아이의 행동이 얼마나 자랑스러운지 말하기.

  완벽한 결과에만 집중하기보다 아이의 노력과 발전에 대한 보상이 중요합니다. 아이가 시도하는 모습을 보거나 지난번보다 나아진 모습을 보이면, 당신이 알아챘다는 것을 알려주세요.

긍정적 강화를 통해 자녀가 반복하기를 바라는 행동을 장려하세요. 강화할 행동의 예시로는 다음과 같습니다:

- 좋은 스포츠맨십
- 타협하거나 유연하게 행동하기
- 다툼이나 실망에 화를 내지 않고 대처하기
- 불평 없이 도움을 주는 것
- 형제자매와 잘 지내기
- 어려운 일에 많은 노력을 기울이기

- 자신의 감정에 대해 이야기하기
- 참을성 있게 기다리기.

시간이 지나면 강화 간격을 늘릴 수 있습니다. 아이가 특정 기술을 습득한 후에는 가끔씩 깜짝 강화가 효과적인 유지 방법이 될 수 있습니다. 예를 들어, "와, 요즘 학교 갈 준비를 제때 잘 해내다니 정말 대단하구나. 오늘 저녁엔 놀이터에 가서 축하하자."라고 말해보세요.[12]

남에게 대접받고 싶은 대로 남을 대접하라.

—공자

궁극적으로 부모는 자녀의 신경다양성을 이해하여 순수하게 뇌의 작동 방식에서 비롯된 행동과 의도적인 반항 및 규칙 위반을 구분해야 합니다.

---

[12] https://www.verywellfamily.com/positive-reinforcement-child-behavior-1094889, 2024년 2월 25일 .

결론

신경다양성을 가진 자녀를 두셨거나, 그런 아이들과 함께 일하는 분이라면 이 책이 도움이 되길 바랍니다.

"인생은 가장 어려운 시험입니다. 많은 사람들이 다른 사람을 따라 하려다 실패하는데, 각자 다른 문제지를 받았다는 사실을 깨닫지 못하기 때문입니다."

—A.P.J. 압둘 칼람

신경다양성 경험은 다양한 형태로 나타납니다. 우리는 이러한 차이를 받아들여야 합니다. 신경전형적인 아이들도 각자의 방식으로 똑같이 까다로울 수 있으니, 신경다양성 아이들이 특별히 어렵다고 말할 수는 없습니다.

A.P.J. 압둘 칼람의 말처럼, 우리 모두는 인생이라는 시험에서 각기 다른 문제지를 받습니다. 자녀가 학교나 사회에서 가장 인기 있는 아이가 아니라고 걱정하지 마십시오.

괜찮습니다. 아마도 그렇게 되길 바라겠지만, 자녀와 당신이 한두 명의 든든한 우정을 유지하는 것이 더 중요합니다. 인생은 단순히 많은 친구를 가짐으로써 성공하는 것이 아닙니다. 오직 당신이 성공했을 때 비로소 많은 친구들이 찾아올 것입니다.

어려운 부분을 극복하기 위한 훈련이 필요하다면, 훈련을 받으세요. 그것이 삶을 더 쉽게 만드는 가장 실용적인 방법입니다.

능력과 역량은 다릅니다. 예를 들어, 가득 채운 뜨거운 커피잔을 들고 걷는 것은 어려운 일입니다. 언제든 피부를 데일 수 있고, 결국 잔 전체를 떨어뜨리게 될 것입니다.

신경다양성을 가진 아이는 특정 과제를 수행할 능력이 있을 수 있습니다. 그러나 그 시점에 아이의 수용 능력이 한계에 다다랐다면, 그 과제를 수행할 수 없습니다. 일부 부모는 아이가 자신감이 부족하다고 오해하거나 아이의 능력을 의심하기도 합니다. 항상 그런 것은 아닙니다. 우리는 아이의 수용 능력을 고려해야 합니다.

본보기를 보여주세요.

교육위원회 위원장으로서 저는 신경다양성을 가진 이들이 위원으로 참여하도록 직접 실천하며 포용성에 대한 헌신을 보여줍니다. 이는 우리 학교 리더십의 결정적 요소 중 하나로, 2023년 WA 교육상(장애 및 포용 부문 우수상) 수상에 기여했습니다.

심사위원단과의 인터뷰에서 저는 추천서를 작성하라고 요청받은 적이 없다고 언급했습니다. 학교와 그 신경다양성 공동체에 보답하기 위해 제가 자발적으로 작성한 것입니다. 특수학교도 학생들이 자랑스럽게 다닐 수 있는 수상 경력이 있는 학교가 될 수 있음을 보여주고 싶었습니다.

자녀가 성장할 수 있도록 돕는 의미 있는 삶을 살아가는 길은 정말 다양합니다.

예를 들어:

아들은 단체 스포츠 대신 승마를 합니다. 다른 부모들이 왜 주류인 '남자아이들' 스포츠 대신 승마를 선택했냐고 묻자, 저는 아들이 개인 스포츠에 더 적합하다고 답했습니다. 성격에 맞기 때문이죠. 그게 전부입니다. 아들의 진단을 더 설명할 필요는 없었습니다.

ADHD를 가진 소녀는 피아니스트가 되는 것보다 치어리더로 뛰어나게 될 수도 있습니다.

ADHD 소년은 그림 그리기보다 럭비를 더 좋아할 수도 있습니다.

궁극적으로 우리는 친절함과 현실적인 사고방식을 소중히 여기는 자신감 있는 아이들을 키우고 싶습니다.

대표성은 중요합니다.

딜런 알콧은 2022년 호주인상 62년 역사상 처음으로 눈에 띄는 장애를 가진 인물로 선정되며 역사를 썼습니다. 아래는 그의 수상 소감 중 일부입니다.

> *"하지만 저는 이 나라에 사는 450만 명, 즉 신체적 또는 비신체적 장애를 가진 5명 중 1명이 저와 같은 감정을 느끼지 않는다는 것을 알고 있습니다.*
>
> *그들이 밖으로 나와 자신의 장애를 자랑스러워하며 원하는 사람이 될 수 있도록 하는 것은 우리 모두의 몫입니다."*

> *우리는 장애를 가진 사람들의 대표성을 절대적으로 모든 곳에서 확대해야 합니다. 이사회에서, 의회에서, 일반 학교에서, 데이팅 앱에서, 스포츠 경기장에서, 대학에서, 정말 모든 곳에서 말이죠. 그래야 우리도 다른 사람들과 똑같이 삶을 살아갈 기회를 얻을 수 있습니다. 그리고 약속드리건대, 여러분은 우리 삶의 질을 높일 뿐만 아니라 그 과정에서 여러분 자신의 삶도 풍요롭게 할 것입니다.*
>
> *이 조언은 비장애인 여러분께 드립니다. 이제 여러분의 무의식적 편견에 도전하고, 부정적인 인식을 내려놓으며, 장애인이 할 수 있다고 생각하는 것에 대한 기대치를 높일 때입니다. 항상 여러분이 생각하는 것보다 더 많은 것이 가능하기 때문입니다.*
>
> *제 목표는 인식 변화를 통해 저 같은 장애인들도 세상으로 나가 마땅히 누려야 할 삶을 살 수 있도록 하는 것입니다*[1]

신경다양성 커뮤니티를 대표하고 오해와 낙인을 깨는 딜런 알콧 같은 인물이 더 필요합니다.

재설정의 힘.

컴퓨터나 휴대폰이 간헐적으로 작동할 때, 모든 기술 담당자는 기기를 재시작하라고 조언할 것입니다. 이것이 기계에 적용되는 것처럼, 사람에게도 마찬가지로 적용됩니다.

---

[1] https://www.abc.net.au/news/2022-01-26/dylan-alcott-australian-of-the-year-speech-in-full/100783308, 2024년 3월 19일 .

인간에게도 마찬가지입니다. 자녀나 본인이 무기력함을 느낄 때마다 한 걸음 물러서서 성찰해보세요; 분위기를 리셋하는 것입니다.

많은 사람들이 성찰을 비관적으로 오해합니다. 예를 들어, 비관주의는 "그래, 내가 얼마나 형편없는지 알아. 그래서 일이 이렇게 된 거야"입니다. 반면 성찰은 "아마도 내가 전에 말한 방식이 이 사건을 일으켰을 거야. 이제 앞으로 비슷한 일이 생기지 않도록 말투를 조심해야겠다"입니다.

부모로서 자신에게 연민과 감사를 가지는 것이 중요합니다.

누군가의 비공식 멘토가 되어주세요.

마지막으로, 신경긍정적 부모가 되셨다면 저처럼 여러분의 자원을 공유하세요(꼭 이 책처럼 글을 쓸 필요는 없습니다). 비공식 멘토가 되어 누군가를 도우세요. 정보와 경험을 아낌없이 나누세요. 그 은혜는 열 배로 돌아올 것입니다.

자녀가 자랑스러워할 만한 사람이 되세요. 더 나아가, 아무도 감히 건드리지 못할 만한 사람이 되세요!

감사의 말

이 책을 현실로 만들어 주신 저의 책 코치, 안나 폰 진너님께 감사드립니다. 이 책의 아이디어를 깊이 고민하게 해주셨고 글쓰기의 틀을 가르쳐 주셨습니다. 이 소중한 경험은 평생 간직할 것입니다. 제 사고를 발전시키고 글쓰기에 대한 책임감을 갖게 해주셔서 감사합니다.

나탈리 해튼 교장 선생님께 감사드립니다. 선생님과 함께 일하며 특수학교에 대한 통찰력을 깊게 할 수 있었습니다. 저는 호주에서 자라지 않았지만, 선생님께서 특수교육의 긍정적인 면과 신경다양성을 존중하는 최선의 실천법들을 보여주셨습니다. 제 아들의 교육에 지혜와 연민을 담아주셔서 감사합니다.

책과 저를 위해 추천사를 써 주신 수 라키, 벤 반훅, 에이미 제인 니덤, 리안다 사이메, 멜리 무어님께 진심으로 감사드립니다. 믿음을 주셔서 감사합니다.

비공식 멘토 역할을 해주신 시빌 폰세카, 리사 드와이어, 마리아 아로차, 린다 오튼, 줄리아나 윌크스, 라나 월시, 재키 클레이튼, 캐롤 카체타 박사님께 감사드립니다.

저와 제 아들에게 안전한 공간을 마련해 주시고, 일의 요령을 가르쳐 주셔서 감사합니다. 좋은 날은 물론, 특히 힘든 날에도 격려와 지원을 보내주셔서 감사합니다.

제 육아 여정을 더욱 즐겁게 만들어 준 친구들, 비키, 젬마, 릴리, 셜리에게 감사드립니다.

글로벌 인플루언서 출판사의 팀, 니라와 시카에게 감사드립니다. 함께 일하게 되어 기뻤습니다.

신경다양성 경험을 저와 공유해 주신 모든 링크드인 네트워크 여러분들께 감사드립니다. 신경다양성에 대한 여러분의 긍정적인 태도에 깊이 감사드립니다. 격려의 말씀에 감사드립니다.

마지막으로, 제 남편 마이키와 아들 메이슨에게 감사드립니다. 제 삶에 함께해 주셔서 감사합니다.

이 책을 읽어주시는 모든 분들께, 진심으로 감사드립니다.

저자 소개

신경다양성을 지닌 아들의 어머니로서, 탄 휘 펭은 정신 건강, 다양성과 포용성, 특수 교육에 열정을 가지고 있습니다.

휘 펭은 싱가포르의 노동자 계층 가정에서 자랐으며, 2011년 남편(파트너)과 함께 서호주 퍼스로 이주해 가정을 꾸리기로 결정했습니다. 그녀는 계측 및 제어 공학 학위와 경영 관리 전공 경영학 학사 학위를 보유한 다방면의 학자입니다.

2021년 그녀는 아들의 학교 이사회에 합류해 달라는 제안을 받았고, 이듬해 의장직을 제안받았습니다.

이 역할을 맡으면서 휘 펭은 내성적이면서도 친근하고 경청에 능한 의장이 될 수 있음을 보여주고자 했습니다. 그녀는 지속적으로 자신의 역량을 향상시키기 위해 노력하고 있습니다.

2022년에는 장애인 분야를 위해 특별히 설계된 리더십 과정에 참여하여 대인관계 리더십 기술을 연마했습니다. 또한 공인 정신건강 응급처치사 자격을 보유하고 있습니다.

의장으로서 그녀는 2021년 올해의 초등학교 부문과 2023년 장애 및 포용성 우수 부문에서 학교를 대표해 서호주 교육상을 두 차례 수상했습니다.

휘 펭은 강아지를 사랑하며 여가 시간에는 애완동물을 돌봅니다.

휘 펭과 연락할 수 있는 방법은 다음과 같습니다:

이메일: *hweepeng.tan@gmail.com*

링크드인: *https://www.linkedin.com/in/hwee-peng-tan/*

인스타그램: *https://www.instagram.com/neuro_affirmative_parent/?hl=en*

참고문헌

ABCnews_au Instagram.

AIHW [Australian Institute of Health and Welfare], Respect @ Work.

Cain, S. (2013). *Quiet: The Power of Introverts in a World That Can't Stop Talking*. Crown Publishing Group/ Random House, Inc.

Chapman, G. (2015). *The 5 Love Languages: The Secret to Love that Lasts.* Northfield Publishing.

Clear, J. (2018). *Atomic Habits: An Easy & Proven Way to Build Good Habits & Break Bad Ones. Avery.*

Duke, A. (2020). *How to Decide: Simple Tools for Making Better Choices.* Portfolio.

Fraser, J. (2022). *The Bullied Brain: Heal Your Scars and Restore Your Health.* Prometheus.

Grandin, T. (2022) *The Loving Push: A Guide to Successfully Prepare Spectrum Kids for Adulthood.* Future Horizons.

https://aifs.gov.au/resources/resource-sheets/physical-punishment-legislation#:~:text=Physical%20

https://aifs.gov.au/sites/default/files/publication-documents/2107_physical_punishment_resource_sheet_0.pdf.

https://breakthesilencedv.org/the-autism-spectrum-and-abuse/.

https://bulliedbrain.com/parents-bullying-their-own-kids.

https://bulliesout.com/need-support/young-people/confidence-after-bullying-young-people-are-you-being-bullied/.

https://childmind.org/article/kids-different-home-school/.

https://childmind.org/article/what-to-do-if-your-child-is-bullying/.

https://counselingcenter.web.baylor.edu/additional-resources/self-care#:~:text=Self%2Dcare%20is%20an%20often,inner%20selves%20to%20our%20bedroom.

https://economictimes.indiatimes.com/news/international/us/mission-impossible-7-tom-cruise-performs-deadly-motorbike-stunt-heres-how/articleshow/101705688.cms.

https://fortune.com/well/2022/09/07/writing-your-will-as-a-form-of-self-care/.

https://hbr.org/2017/05/neurodiversity-as-a-competitive-advantage.

https://hdsunflower.com/au/.

https://health.clevelandclinic.org/are-siblings-at-greater-risk-of-autism/#:~:text=When%20it%20comes%20to%20siblings,chances%20go%20up%20to%2032%25.

https://hellobetter.de/en/blog/burnout-stages/.

https://hslda.org/post/australia-homeschooling-trends-over-the-last-decade.

https://internationalbreastfeedingjournal.biomedcentral.com/articles/10.1186/s13006-023-00545-5.

https://keywell.com.au/resources/articles/traditional-discipline-doesnt-work-for-neurodivergent-

https://kidshelpline.com.au/teens/issues/bullying.

https://mhfa.com.au/?gclid=EAIaIQobChMIhOaovuz-JgQMVps0WBR0JjAA3EAAYASAAEgLJ5vD_BwE.

https://montessori150.org/maria-montessori/montessori-quotes.

https://mothership.sg/2020/04/canes-sold-out-work-from-home/.

https://motivationmentalist.com/2018/07/23/chinese-bamboo-tree-les-brown-motivational-speech/.

https://my.clevelandclinic.org/health/diseases/12119 insomnia#:~:text=Roughly%2C%201%20in%203%20 adults,the%20criteria%20for%20insomnia%20disorder .https://opal.latrobe.edu.au/articles/report/La_Trobe_University_response_to_the_Select_Committee_on_Mental_Health_and_Suicide_Prevention/14265239.

https://pch.health.wa.gov.au/For-patients-and-visitors/During-your-stay/School-in-hospital.

https://positivepsychology.com/positive-gossip/.

https://psychcentral.com/blog/psychology-self/2017/08/validation-self-esteem#5.

https://psychcentral.com/blog/success/2013/10/understand-progress-in-life-is-not-linear#1.

https://pubmed.ncbi.nlm.nih.gov/29894363/.

https://pwd.org.au/wage-justice-campaign/ reported on 13 November 2018.

https://raisingchildren.net.au/autism/behaviour/common-concerns/bullying-asd.

https://raisingchildren.net.au/autism/health-wellbeing/sleep/sleep-problems-children-with-asd.

https://raisingchildren.net.au/toddlers/behaviour/discipline/smacking.

https://slowself.co/the-5-levels-of-true-self-care/.

https://static1.squarespace.com/

https://studyonline.ecu.edu.au/blog/cyberbullying-australia-statistics-resources.

https://swadhyay.awgp.org/the-father-son-and-a-horse/.

https://thespectrum.org.au/autism-in-australia today/#:~:text=Perhaps%20the%20most%20 significant%20of,the%20spectrum%20in%20this%2 0 country.

https://today.yougov.com/society/articles/43498 women-more-likely-men-people-pleasing poll?redirect_from=%2Ftopics%2Fsociety%2Farticles reports%2F2022%2F08%2F22%2Fwomen-more-likely men-people-pleasing-poll.

https://unfccc.int/cop28/5-key-takeaways.

https://us.specialisterne.com/supporting-late-diagnosed neurodivergent-employees/#:~:text=Numerous%20 studies%20identify%20the%20reasons,autism%20is %20 the%20most%20researched.

https://waltrakowich.com/how-to-understand-what success-really-means/#:~:text=Instead%2C%2092%20 percent%20said%20society,view%20of%20success %20 for%20themselves.

https://www.9news.com.au/national/love-gpt-ai-dating-app-scam-on-the-rise/3c099b75-a28f-44b4-

are%20using%20AI%20to,using%20the%20Adobe%2-0Firefly%20application.

https://www.abc.net.au/news/2022-01-26/dylan-alcott-australian-of-the-year-speech-in-full/100783308.

https://www.abc.net.au/news/2023-11-08/family-children-school-refusal-problem-bigger-than-thought/103073010.

https://www.abc.net.au/news/2023-08-11/rising-cases-of-school-refusal-prompt-calls-for-urgent-action/102719090.

https://www.activ.asn.au/blog/the-supported-independent-living-sil-process-explained/.

https://www.aihw.gov.au/reports/homelessness-services/specialist-homelessness-services-annual-report/contents/clients-with-disability.

https://www.anrows.org.au/media-releases/domestic-and-family-violence-are-children-with-disability/.

https://www.aph.gov.au/About_Parliament/Parliamentary_departments/Parliamentary_Library/pubs/rp/rp2223/SchoolRefusal.

https://www.autism.org.uk/advice-and-guidance/professional-practice/toileting.

https://www.autismawareness.com.au/aupdate/ international-day-against-bullying-violence.

https://www.betterup.com/blog/comparing-yourself-to-others#:~:text=Too%20much%20comparison%20 leads%20to,were%20as%20pretty%20as%20her.%22.

https://www.calm.com/blog/box breathing#:~:text=Box%20breathing%20is%20a%2 0 simple,it%20in%20high%2Dstress%20situations. https://www.channelnewsasia.com/singapore/fathe r admits-killing-twin-sons-upper-bukit-timah-greenridge crescent-playground-3697706#:~:text=Singapore ,Upper%20Bukit%20Timah%20killings%3A%2 0Father%20sentenced%20to%2014%20years'%20 jail,would%20%22relieve%22%20their%20burdens. https://www.charliehealth.com/post/what-is masking#:~:text=In%20the%20context%20of%20 mental,Families%20%26%20Caregivers%20Provide rs.

https://www.dailymail.co.uk/news/article-467665/ Prince-Harry-Im-bullied-ginger.html.

https://www.forbes.com/health/mind/what-is-law-of-attraction-loa/#footnote_2.

https://www.forbes.com/sites/

https://www.forbes.com/sites/drnancydoyle/2021/06/17/get-ready-for-gen-z-in-neurodiversity-collaborative-authentic-intersectional-and-ethical-or-else/?sh=683f60561c3b.

https://www.forbes.com/sites/forbescoachescouncil/2020/08/24/strong-nonverbal-skills-matter-now-more-than-ever-in-this-new-normal/?sh=6fdf7a925c61.

https://www.frontiersin.org/journals/psychology/articles/10.3389/fpsyg.2020.00913/full.

https://www.healthdirect.gov.au/help-someone-who-is-misusing-drugs-or-alcohol.

https://www.hopkinsmedicine.org/health/conditions-and-diseases/personality-disorders#:~:text=Dependent%20personality%20disorder.,a%20hard%20time%20making%20decisions.

https://www.med.upenn.edu/ctsa/forms_ocd_cbt.html#why.

https://www.micheletoner.com/coaching.

https://www.ncbi.nlm.nih.gov/books/NBK441870/#:~:text=Generalized%20anxiety%20disorder%20is%20a,unrealistic%20worry%20about%20everyday%20things.

https://www.ncbi.nlm.nih.gov/pmc/articles/

https://www.ncbi.nlm.nih.gov/pmc/articles/PMC7992110/#R37.

https://www.ndis.gov.au/providers/working-provider/connecting-participants#:~:text=Participants%20in%20the%20NDIS,-The%20NDIS%20is&text=Participants%20develop%20individual%20plans%20which,education%2C%20or%20getting%20a%20job.

https://www.nytimes.com/2018/11/27/well/family/the-fallacy-of-the-i-turned-out-fine-argument.html.

https://www.psychologytoday.com/au/blog/eating-disorders-among-gender-expansive-and-neurodivergent-individuals/202210/the-correlation.

https://www.psychologytoday.com/au/blog/sustainable-life-satisfaction/202308/breaking-the-habit-of-people-pleasing.

https://www.psychologytools.com/resource/performance-and-the-yerkes-dodson-law/#:~:text=The%20Yerkes%2DDodson%20Law%20(Yerkes,too%20high%2C%20their%20performance%20deteriorates.

https://www.qualtrics.com/blog/online-review-stats/.

https://www.ramseysolutions.com/relationships/toxic-relationship-signs#:~:text=A%20toxic%20

https://www.researchgate.net/publication/215768752_Wounds_that_time_won't_heal_The_neurobiology_of_child_abuse.

https://www.sciencebuddies.org/science-fair-projects/science-fair/doing-a-fair-test-variables-for-beginners#:~:text=Conducting%20a%20fair%20test%20is,factors%20in%20an%20experiment%20variable.

https://www.sciencefocus.com/news/thinking-positively-can-be-good-for-your-body-too-not-just-your-brain.

https://www.scienceofpeople.com/toxic-people/.

https://www.spectrumnews.org/news/siblings-children-autism-social-emotional-problems/.

https://www.teachearlyyears.com/a-unique-child/view/neurodiversity-affirming-practice-in-early-years#:~:text=Neuro%20affirming%20practice%20means%20that,cure%20them%20of%20their%20neurotype.

https://www.theachievefoundation.org.au/employment.

https://www.theguardian.com/australia-news/2020/dec/28/wa-doctors-call-for-more-humane-quarantine-with-access-to-fresh-air-after-woman-flees.

https://www.theguardian.com/australia-news/2021/apr/18/false-hope-desperate-families-prey-to-nonsense-snake-oil-treatments-for-autism.

https://www.theguardian.com/lifeandstyle/2023/jun/25/your-needs-came-second-resentment-love-and-being-the-other-child.

https://theplaceforchildrenwithautism.com/autism-blog/autism-and-ocd.
https://theplaceforchildrenwithautism.com/what is-autism/signs-of-autism-in-children/autism fixations-ocd#:~:text=Most%20common%20in%20 high%2Dfunctioning,written%20about%20a%20 certain%20subject.

https://www.thesun.co.uk/fabulous/19220154/girls-bullied-me-because-too-beautiful/.

https://www.thewomens.org.au/news/new-vics-data.

https://today.yougov.com/society/articles/43498-women-more-likely-men-people-pleasing-poll?redirect_from=%2Ftopics%2Fsociety%2Farticles-reports%2F2022%2F08%2F22%2Fwomen-more-likely-men-people-pleasing-poll.

https://www.todaysparent.com/family/parenting/why-mommy-drinks/.

https://www.triplep-parenting.net.au/au/about-triple-p/support-your-childs-learning/.

https://www.upworthy.com/when-kids-want-to-quit.

https://www.verywellfamily.com/examples-of-victim-blaming-460802#:~:text=The%20responsibility%20

https://www.verywellfamily.com/positive-reinforcement-child-behavior-1094889.

https://www.verywellhealth.com/wait-between-alcohol-sleep-3014979#:~:text=Whether%20you%20have%20had%20one,your%20overall%20quality%20of%20sleep.

https://www.verywellhealth.com/why-refrigerator-mothers-were-blamed-for-autism-

https://www.verywellmind.com/5-things-that-motivate-an-adhd-brain-7967417#:~:text=Choose%20rewards%20that%20you%20find,that%20it%20motivates%20us%20now.

https://www.washington.edu/doit/what-do-%E2%80%9Cneurodivergent%E2%80%9D-mean#:~:text=A%20

https://www.washingtonpost.com/home/2022/07/19/groceries-shrinking-packages-rising-prices/.

https://www.who.int/news/item/02-03-2022-covid-19-pandemic-triggers-25-increase-in-prevalence-of-anxiety-and-depression-worldwide.

https://www.who.int/news-room/fact-sheets/detail/preterm-birth.

https://www.youtube.com/watch?v=yvhLI-mgMAA.

Johansen, B. (2012). *Leaders Make the Future: Ten New Leadership Skills for an Uncertain World.* Berrett-Koehler Publishers.

Kearney, C. (2018). *Helping School Refusing Children and Their Parents: A Guide for School-Based Professionals.* New York: Oxford University Press.

Kishimi, I. & Koga, F. (2017). *The Courage to be Disliked: The Japanese phenomenon that shows you how to free yourself, change your life and achieve real happiness.*

Allen & Unwin. Layaavlogs. (2021). *This is worth more than a $10 million dollars.* https://www.youtube.com/watch?v=FN2geiv_QsY

Oxford Advanced Learner's Dictionary. (2020). Oxford University Press, UK. (10th edn).

Rose, T. (N.D.) Online interview as part of course - *Leaders of Learning.* https://pll.harvard.edu/course/leaders-learning.

www.ingramcontent.com/pod-product-compliance
Lightning Source LLC
Chambersburg PA
CBHW071614030726
47598CB00001B/270
9781764359078